関西圏

2024

有名小学校入試問題集

関西圏主要5校 過去5年分入試問題収録

volume III

CONTENTS

Shinga-kai

2023
過去5年間の出題傾向と分析

関西大学初等部

関西大学初等部の考査は１日で行われ、例年通り男女別でペーパーテストと集団テストが実施されました。2022、2023年度は募集が２回あり所要時間が１時間30分〜２時間でした。募集人員は関西大学幼稚園からの内部進学者を含めて60名で、男女比に関係なく成績上位者から合格となります。ペーパーテストは例年幅広い項目から出題され、今年度は話の記憶・理解、言語、模写、系列完成、常識、観察力が出されました。話の記憶や理解のお話自体は長くはありませんが、集中して聞く姿勢を養い、要素をしっかりとらえる力を身につけましょう。言語はしりとりや音に関する問題のほか、様子や動作を表す言葉の問題が頻出しています。普段から目の前のものや様子などを実際にお話しさせるなどして、語彙を豊かにしていきましょう。そのほか推理・思考や常識の課題では、いずれも実物での体験をベースに考える筋道をしっかり確認しておきましょう。また、日常生活ではいろいろなものに関心が向き、自分で考えたり気づいたりできるような声掛けを工夫してみましょう。集団テストでは昨年度同様に模写が出題され、今年度はお手本と同じになるように台紙に描き足すものでした。また、従来行われていたお友達とのかかわりを見る課題が復活し、いす取りゲームが行われました。いずれにしても集団の中で指示をしっかり聞き、自信を持って行動する力が大切です。面接は、親子面接が考査日前に実施されます。保護者には願書に記入した内容に沿った質問があり、子どもには幼稚園(保育園)での活動やお友達について細かく質問されています。反応よくはきはきと受け答えができるように、日ごろから会話を楽しみ、家族以外の大人とも話す機会を意識的に増やしておきましょう。なお、Ｗｅｂ出願時に面接資料の入力がありました。関西大学初等部では、高等部までの12年間を同じ建物で過ごします。上級生のよいお手本を間近で見ながら一貫教育を受けられること、また交通面でのアクセスがよく、京都府や兵庫県から通学している在学生がいることも特徴です。

関西学院初等部

関西学院初等部の募集は、2023年度はA入試、B入試の２回実施されました。A入試の考査はペーパーテスト、集団テスト、運動テストが行われ、考査日前に親子面接と子どもだけの面接がありました。B入試は個別テスト、集団テストがあり、考査日前に親子面接がありました。A・B入試ともに親子面接は約10分で、保護者には、スクールモットーや特色に関する理解や教育方針への賛同を問われました。子どもには、家族やお友達など他者とのかかわり方や、日常の興味・関心について質問されますので、日常生活の中で親が子どもときちんと向き合って過ごす時間を持ち、子どもの興味・関心を広げる働きかけを心掛けましょう。また、願書の記載内容から掘り下げられた内容の質問もありますので、自分の考えや思いを言葉で話せるように、普段から親が聞き上手となって子どもの言葉を引き出していきましょう。うまく話すことよりも、自分の言葉で誠実に一生懸命話す姿勢が大切です。ペーパーテストは常識の課題が毎年多く、出題範囲も多岐にわたります。今年度は季節や生活に関する課題が出されました。生活の中で身につけた知識や経験を改めて言葉で表現しながら判断力を養い、理解を定着させていき

ましょう。今年度はほかに、巧緻性や推理・思考の重さ比べなどが出題されました。来年度以降の考査の形式はまだわかりませんが、過去の問題に当たって、ペーパーテストの力はしっかり養っておくことが大切です。また、絵本を用いた話の記憶が例年あり、登場人物の気持ちを問う質問もあります。相手の言葉や表情などから心情を思いやる気持ちを育むことも、キリスト教の精神にのっとった重要なポイントといえるでしょう。コロナ禍前の集団テストでは、決められた約束の中で遊びやゲームを楽しむ行動観察や、自由遊びなどが行われていました。普段からルールのある遊びに親しみ、お友達と遊ぶ機会を持たせることを意識してください。運動テストでは反復横跳びなどの跳躍運動やボールでの的当てを含む連続運動が頻出課題です。関西学院初等部はキリスト教教育の観点から、考査中も周囲への配慮や協調性を求める傾向があります。普段からけじめのある生活を心掛け、状況に応じた挨拶ができるようにしておきましょう。

同志社小学校

同志社小学校の考査は1日で実施され、例年ペーパーテスト、個別テスト、集団テスト、運動テストが行われますが、2023年度は個別テストがありませんでした。2021年度以降はコロナウイルス対策のため2～3時間となりましたが、例年所要時間が3時間以上と長いことが特徴で、月齢別に分けて行われます。ペーパーテストでは数量、常識、言語、模写、推理・思考などが頻出し、今年度も同様の試験が行われました。難問が多いわけではありませんが項目ごとに広い分野から出題されており、数量の積み木の数、推理・思考の重さ比べ、常識の季節や生活、言語のしりとりのほか、点図形も比較的多く出されています。基本的な問題に加え応用的な問題にも対応できるようにしておきましょう。2022年度まで4年連続で行われた個別テストでは、2019年度は折り紙での制作、2020年度はカードを使った常識の仲間探しでしたが、2021、2022年度は言語が出題されました。自分の考えを、自信を持ってしっかり伝える姿勢が大切です。集団テストでは、集団ゲームや行動観察、共同で行う絵画や制作などが出題されています。今年度は行動観察としてタワー作り、集団ゲームとして卵運び競争が行われ、お友達と相談しながら仲よく活動できるかどうかが見られました。運動テストでは連続運動が毎年出題されており、持久力や模倣体操などもよく出題されています。連続運動の中では毎年のように跳び箱やボールを使うので、しっかり指示を聞くことと同時に運動器具を使った運動にも慣れておくとよいでしょう。面接は、親子面接が考査日前に実施されます。願書に記入した内容に沿う質問にとどまらず、回答から派生して広がりのある質問がお子さんにもされますが、穏やかな雰囲気で行われますので、緊張感を持たせすぎない方がよいでしょう。「どう感じるか」「なぜそう思うか」などを、普段の会話の中で自分の言葉できちんと伝えられるようにしておきましょう。

立命館小学校

立命館小学校の考査はプライマリー入試A、プライマリー入試Bの2回に分けて実施されますが、120名の定員のほとんどは入試Aで決まります。2023年度は、9月に入試A、10月に入試Bが行われました。入試Aの考査はペーパーテスト、集団テストが1日で行われ、8月中の指定日時に親子面接が実施されました。ペーパーテストでは話の記憶、数量、言語、常識、記憶、推理・思考、構成など広く出題されています。話の記憶は長文ではありませんが、話の流れや

誰が何をしたという要点をきちんと聞き取る習慣を身につけましょう。数量は積み木の数、数の多少や対応が出されています。積み木やおはじきなどの具体物を使い、見え方や数の操作を実践的に理解していくことが大切です。言語はしりとりや音に関する出題が毎年のようにあるので、正確な名称を実際に暗唱し、理解しながら語彙を増やすことが大切です。常識は季節が毎年出題されるほか交通道徳や生活に関するものなど、日常生活の体験が見られる問題が出されています。推理・思考は多岐にわたって課題が出されていますので、具体物を使って理解を定着させていきましょう。全般的に基礎・基本的な課題が多いですが、難易度の高い課題にも取り組んでおきましょう。集団テストではお友達とのかかわり方が見られています。初めてのお友達と遊ぶ機会を持ったりすることで経験を積んでいきましょう。そのほか、折り紙やパターンブロックなど、動画のお手本を見て取り組む課題では、「見る」「聞く」「行う」力が見られています。日ごろから自立を促し、取り組む姿勢やものの扱い方などを身につけていきましょう。親子面接では、先に子どものみ入室して課題画について質問され、親が合流した後は一般的な事柄を掘り下げて聞かれています。親はＷｅｂ出願時に入力した面接カードの内容について聞かれます。当日は面接を受けているときだけでなく、順番を待っているときの様子も見られているため、普段から正しい姿勢や落ち着いた行動を心掛けましょう。

洛南高等学校附属小学校

洛南高等学校附属小学校の考査は１日で実施され、例年通りペーパーテストと運動テストが行われました。入試日が９月前半と時期的に早いことと考査が長時間にわたることで、かなりハードな考査といえるでしょう。ペーパーテストは2023年度も話の記憶、数量、観察力、言語、常識、推理・思考などさまざまな項目が出題されました。プリントの枚数が多いうえに解答時間が短い問題もあり、テンポよくスピーディーに解き進めていくためには早くからの準備が必要です。聞く力、見る力を養い、早く正しく理解する実践力をつけていきましょう。話の理解では常識の要素もあり、数量は数の対応や和差など、観察力は間違い探し、常識は生き物や季節、生活や昔話など幅広い分野から出題されています。また、推理・思考は問題の前提条件やルールをよく理解する必要がある課題も出され、いずれの項目も内容が多岐にわたるので、過去問に当たるだけでなく日常生活の中でいかに広く知識を得て応用力につなげていくかがポイントになります。運動テストでは連続運動やボール運動が頻出課題でしたが、2021年度以降は行進、ケンケンパー、スキップなどをそれぞれライン上で行う基本的な課題が行われています。指示をしっかり聞き、確実に行うことを心掛けましょう。面接は、考査日前に保護者面接が実施されます。Ｗｅｂ出願時に作文を入力しますが、これとは別に考査当日にも保護者が書く作文があります。毎年非常に難しいテーマが出され、学説や名言、格言などを題材にしてそれについての考えを問うといった、保護者自身の教養や学びへの意識の高さが見られます。子どもの教育に対して熱心な保護者かどうかが問われるのはほかの学校も同様ですが、このような作文を書かせる学校はほかに類を見ません。難関大学への高い合格実績を持つ洛南高等学校の附属小学校ならではのこだわりといえます。洛南高等学校と附属中学校が共学化したため近年は女子の人気が高まって、特に高倍率となっています。関西屈指の難関校となり、小学校も受験生のレベルがさらに上がりました。入学後の授業進度が非常に速く内容のレベルも高いため、入学前から多くの学習課題を与えられるのも特徴です。

年度別入試問題分析表

【関西大学初等部】　　　　　　　　　【関西学院初等部】　※2020年度はA入試のみのデータ

	2023	2022	2021	2020	2019	2023	2022	2021	2020	2019
ペーパーテスト										
話	○	○	○	○	○	○	○		○	○
数量		○	○	○	○		○		○	○
観察力	○		○		○					
言語	○	○	○	○	○					
推理・思考		○	○	○	○	○	○		○	○
構成力		○		○					○	
記憶										
常識	○	○	○	○	○	○			○	○
位置・置換			○							
模写	○	○					○			
巧緻性			○			○			○	○
絵画・表現										
系列完成	○	○		○	○					
個別テスト										
話								○		
数量										
観察力								○		
言語								○		
推理・思考								○		
構成力										
記憶										
常識								○		
位置・置換										
巧緻性										
絵画・表現										
系列完成										
制作										
行動観察										
生活習慣										
集団テスト										
話										
観察力										
言語										
常識										
巧緻性	○	○								
絵画・表現				○	○					
制作			○			○				
行動観察				○	○				○	○
課題・自由遊び				○					○	○
運動・ゲーム	○		○	○						
生活習慣										
運動テスト										
基礎運動										
指示行動										
模倣体操										
リズム運動										
ボール運動										
跳躍運動										
バランス運動										
連続運動						○			○	○
面接										
親子面接	○	○	○	○	○	○	○	○	○	○
保護者(両親)面接										
本人面接										

※伸芽会教育研究所調査データ

年度別入試問題分析表

【同志社小学校】　　　　　　**【立命館小学校】**

	同志社小学校 2023	2022	2021	2020	2019	立命館小学校 2023	2022	2021	2020	2019
ペーパーテスト										
話	○	○	○			○	○	○	○	
数量		○	○	○	○	○	○	○	○	○
観察力	○			○					○	○
言語	○	○	○	○	○	○	○	○	○	○
推理・思考	○	○	○	○	○	○	○	○		○
構成力						○		○	○	
記憶							○		○	○
常識	○	○	○	○	○	○		○	○	○
位置・置換										○
模写		○	○		○				○	
巧緻性										
絵画・表現										
系列完成		○			○					
個別テスト										
話										
数量										
観察力										
言語		○	○	○	○				○	○
推理・思考										
構成力										
記憶										
常識				○						
位置・置換										
巧緻性										
絵画・表現									○	○
系列完成										
制作					○					
行動観察										
生活習慣										
集団テスト										
話										
観察力										
言語						○	○			
常識										
巧緻性						○	○	○	○	○
絵画・表現		○								
制作			○							
行動観察	○			○	○				○	
課題・自由遊び		○		○						
運動・ゲーム	○	○		○	○	○	○	○		○
生活習慣									○	○
運動テスト										
基礎運動	○			○	○					
指示行動										
模倣体操				○	○					
リズム運動										
ボール運動				○						
跳躍運動				○						
バランス運動				○						
連続運動	○	○	○	○	○					
面接										
親子面接	○	○	○	○	○	○	○	○	○	○
保護者(両親)面接										
本人面接										

※伸芽会教育研究所調査データ

年度別入試問題分析表

【洛南高等学校附属小学校】

	2023	2022	2021	2020	2019
ペーパーテスト					
話	○	○	○	○	
数量	○	○	○	○	○
観察力	○	○	○	○	
言語	○	○			○
推理・思考	○	○	○	○	○
構成力	○		○		○
記憶					
常識	○	○	○	○	○
位置・置換	○		○		○
模写	○	○		○	
巧緻性					
絵画・表現					
系列完成		○			
個別テスト					
話					
数量					
観察力					
言語					
推理・思考					
構成力					
記憶					
常識					
位置・置換					
巧緻性					
絵画・表現					
系列完成					
制作					
行動観察					
生活習慣					
集団テスト					
話					
観察力					
言語					
常識					
巧緻性					
絵画・表現					
制作					
行動観察					
課題・自由遊び					
運動・ゲーム					
生活習慣					
運動テスト					
基礎運動	○	○	○		
指示行動					
模倣体操					
リズム運動	○	○	○	○	○
ボール運動				○	○
跳躍運動					
バランス運動	○	○			
連続運動				○	○
面接					
親子面接					
保護者(両親)面接	○	○	○	○	○
本人面接					

※伸芽会教育研究所調査データ

小学校受験Check Sheet

　お子さんの受験を控えて、何かと不安を抱える保護者も多いかと思います。受験対策はしっかりやっていても、すべてをクリアしているとは思えないのが実状ではないでしょうか。そこで、このチェックシートをご用意しました。1つずつチェックをしながら、受験に向かっていってください。

✳ ペーパーテスト編

①お子さんは長い時間座っていることができますか。

②お子さんは長い話を根気よく聞くことができますか。

③お子さんはスムーズにプリントをめくったり、印をつけたりできますか。

④お子さんは机の上を散らかさずに作業ができますか。

✳ 個別テスト編

①お子さんは長時間立っていることができますか。

②お子さんはハキハキと大きい声で話せますか。

③お子さんは初対面の大人と話せますか。

④お子さんは自信を持ってテキパキと作業ができますか。

✳ 絵画、制作編

①お子さんは絵を描くのが好きですか。

②お家にお子さんの絵を飾っていますか。

③お子さんははさみやセロハンテープなどを使いこなせますか。

④お子さんはお家で空き箱や牛乳パックなどで制作をしたことがありますか。

✳ 行動観察編

①お子さんは初めて会ったお友達と話せますか。

②お子さんは集団の中でほかの子とかかわって遊べますか。

③お子さんは何もおもちゃがない状況で遊べますか。

④お子さんは順番を守れますか。

✳ 運動テスト編

①お子さんは運動をするときに意欲的ですか。

②お子さんは長い距離を歩いたことがありますか。

③お子さんはリズム感がありますか。

④お子さんはボール遊びが好きですか。

✳ 面接対策・子ども編

①お子さんは、ある程度の時間、きちんと座っていられますか。

②お子さんは返事が素直にできますか。

③お子さんはお父さま、お母さまと3人で行動することに慣れていますか。

④お子さんは単語でなく、文で話せますか。

✳ 面接対策・保護者（両親）編

①最近、ご家族での楽しい思い出がありますか。

②ご両親の教育方針は一致していますか。

③お父さまは、お子さんのお家での生活や幼稚園・保育園での生活をどれくらいご存じですか。

④最近タイムリーな話題、または昨今の子どもを取り巻く環境についてご両親で話をしていますか。

2023 関西大学初等部入試問題

解答は解答例002ページ

■ 選抜方法

募集はA・B日程の2回あり、考査は1日で、月齢で決められた男女別のグループに分かれてペーパーテスト、集団テストを行う。所要時間は約2時間。考査日前の指定日時に親子面接がある。所要時間は15〜20分。

A日程

■ ペーパーテスト

筆記用具はクーピーペン3色(赤、青、黒)で、特に色の指示がないときは黒を使用する。訂正方法は ＝ (横2本線)。出題方法は電子黒板(音声)と口頭。問題はカラー。

1 話の記憶

「今日はみんなでたろう君のお誕生日をお祝いする日です。朝早くから、お母さんは台所でたろう君の好きなハンバーグ、から揚げ、フライドポテト、そしてケーキ作りに大忙しです。たろう君も早起きをして、お家のお掃除を頑張っています。『たろう、えらいわね。とても助かるわ』とお母さんが声をかけると、『だって今日で僕も6歳だよ！ もうお兄さんだからね』とたろう君は答えました。『今日はお友達も来てくれるから、張り切っているのね』とお母さんに言われて、たろう君は少し恥ずかしそうです。誕生日パーティーの準備が終わり、朝ごはんを食べ終わると、玄関のインターホンが鳴りました。『こんにちは』。仲よしのゆう君、はづきさん、まゆさんの3人が来てくれました。『今日は来てくれてありがとう！ さあ、入って！』と、たろう君はみんなをお迎えしました。今日は雨が降っているのでお家の中で遊ぼうと思い、たろう君は自分の部屋からリビングルームにおもちゃを持ってきました。ヨーヨー、ケン玉、トランプ、パズルがあり、それを見たまゆさんが『わたしはみんなでトランプをしたいけど、どうかしら？』と言いました。『じゃあ、トランプで遊んだ後にパズルをしたいな』とゆう君が言うと、はづきさんが『それなら、最後にケン玉大会をしましょう』と言いました。『賛成！』しばらくみんなで楽しく遊んでいると、『さあ、そろそろお昼ごはんの時間よ。みんな集まって』とお母さんが呼びに来ました。テーブルに並んだ料理を見て、たろう君は『やった！ 僕の大好物ばかりだ。お母さん、ありがとう』と大喜びです。お昼ごはんを食べた後、お母さんがケーキを出してくれました。ケーキにはロウソクが6本と、秋のおいしい果物がのっていました。たろう君はとてもしあわせな一日を過ごしました」

・一番上です。お話の日のお天気に合う絵に○をつけましょう。

・上から2段目です。たろう君たちが2番目に遊んだものは何でしたか。○をつけましょう。

・上から3段目です。お母さんが作らなかった料理に○をつけましょう。

・一番下です。たろう君が食べたケーキはどんなケーキでしたか。お話に合う絵に○をつけましょう。

2 言語（同頭語）

・上の段は名前が「ア」の音で始まるもの、下の段は「キ」の音で始まるものが描いてあります。そして、それぞれある決まりで並んでいます。どのような決まりか考えて、星印のところに入るもの

を右の四角の中から選んで○をつけましょう。

3 言語（しりとり）

・矢印の順番に、絵をしりとりでつなげます。星印のところに入るものを、それぞれ右の四角の中から選んで○をつけましょう。

4 言語（しりとり）

・左端の列からしりとりを始めます。右端まで全部つながるところを見つけて、点と点を線で結びましょう。

5 模写（対称）

・左側の絵を真ん中の線でパタンと折ると、どのようになりますか。右側にかきましょう。

6 常識（生活）

・上の道具と一緒に使うものを下から選んで、点と点を線で結びましょう。

7 常識（仲間分け）

・それぞれの段から、仲よしではないものを選んで○をつけましょう。

8 系列完成

・印が決まりよく並んでいます。空いているところに入る印はどのような順番ですか。下から選んで○をつけましょう。

9 観察力（同図形発見）

・小さい四角の中にある絵がお手本です。お手本と同じ絵を大きい四角の中から見つけて、○をつけましょう。

10 話の理解

地図を見ながらお話を聞く。

「男の子がお母さんからお買い物を頼まれました。左下にある三角屋根のお家から出発します。初めに八百屋さんで、ニンジンとタマネギを買いました。そして、お花屋さんの前を通ってパン屋さんに行き、食パンを買いました。そこから一番近い踏切を渡ってお肉屋さんに向かい、豚肉を買いました。その後、さっきとは違う踏切を渡って公園の前の道を通り、最後にお菓子屋さんでドーナツを買ってからお家に帰りました」

・男の子がお家からお買い物をして帰るまで、通った道に青のクーピーペンで線を引きましょう。

集団テスト

11 模写・巧緻性

※カラーで出題。絵の中の指示通りに、うろこに色を塗ってから行ってください。

お手本と同じ絵が途中まで描かれた台紙、輪ゴムで留められたクレヨン5本(赤、ピンク、水色、黄緑、黒)が用意される。電子黒板に映し出されたお手本の魚の絵を見ながら、台紙の絵がお手本と同じになるように点線をなぞり、うろこの色を塗る。

リズム・歌

電子黒板に映るテスターの踊りを覚えて、「うさぎとかめ」の曲に合わせて歌いながら踊る。

集団ゲーム

約15人のグループに分かれて行う。人数分より1つ少ないいすが、円形に並べられている。オニになった人は真ん中に立ち、それ以外の人はいすに座る。オニは「朝ごはんを食べてきた人」など自分で思いついたこと言い、それに当てはまる人は席を移動する。オニが「フルーツバスケット」と言ったら、全員が席を移動する。

親子面接

面接前にマスクを外して顔を見せた後、再びマスクをつけて質問に答える。

本人

- お名前を教えてください。
- 幼稚園(保育園)の名前を教えてください。クラスの名前も教えてください。
- 担任の先生の名前を教えてください。担任の先生はどんな人ですか。
- お友達2人の名前を教えてください。そのお友達とは何をして遊びますか。
- お父さん、お母さんの好きなところを教えてください。
- お父さんとお母さんは、どちらがよく料理を作ってくれますか。何の料理が好きですか。
- お手伝いはしていますか。
- きょうだいとは何をして遊びますか。
- きょうだいとはけんかをしますか。自分たちで仲直りできますか。
- テレビは見ますか。どんな番組を見ていますか。
- 「どこでもドア」があったら、どこに行ってみたいですか。
- 一番好きな本は何ですか。
- その本は自分で読みますか。それとも誰かに読んでもらいますか。
- この学校に入ったら、一番やりたいことは何ですか。

保護者

- 志望動機をお聞かせください。
- お子さんの長所、短所をお聞かせください。
- ご家庭でのお子さんの様子をお聞かせください。

面接資料／アンケート

Ｗｅｂ出願時に面接資料を入力する。以下のような項目がある。

・志願理由（300字以内）。

・子どもの長所（300字以内）。

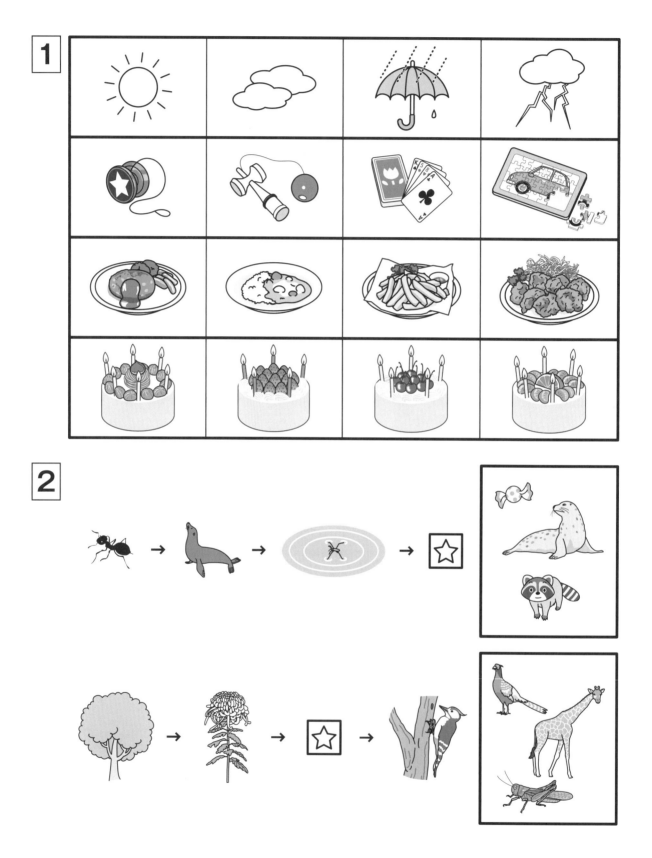

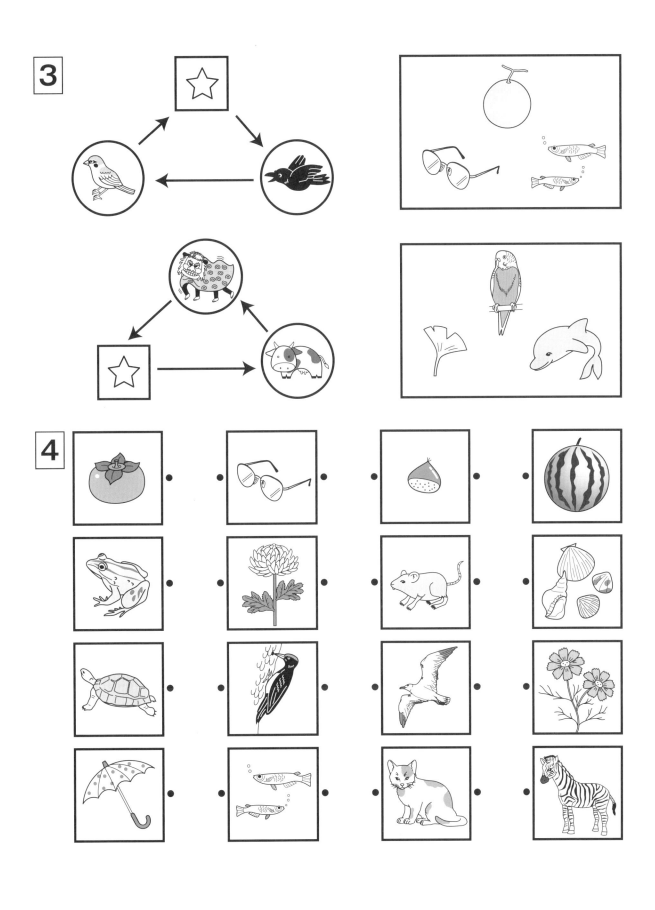

5

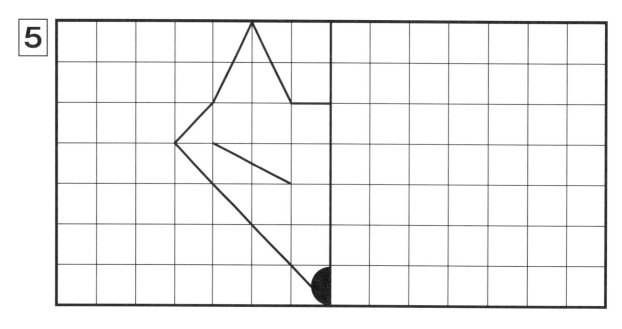

6

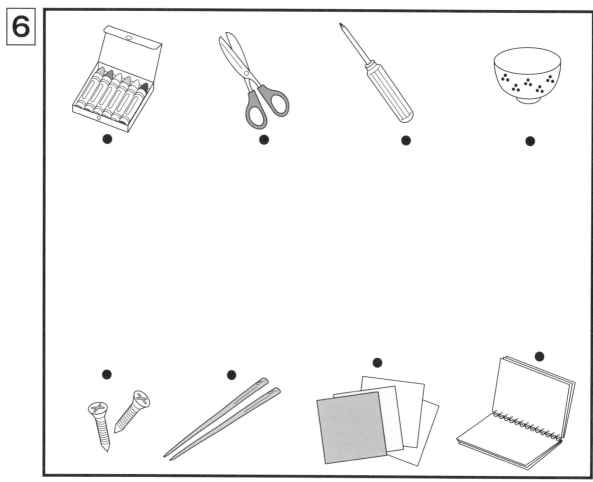

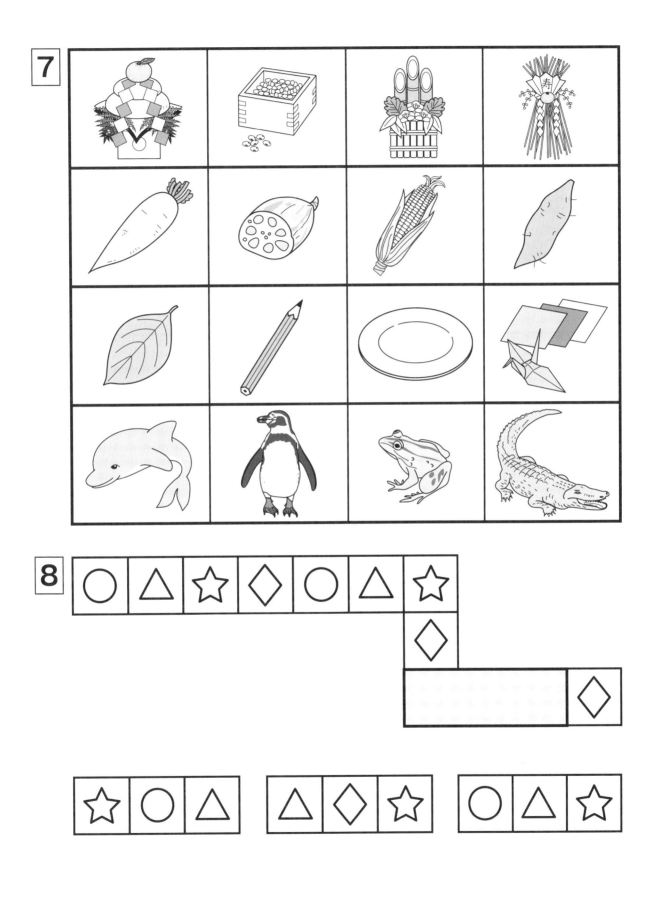

9

10

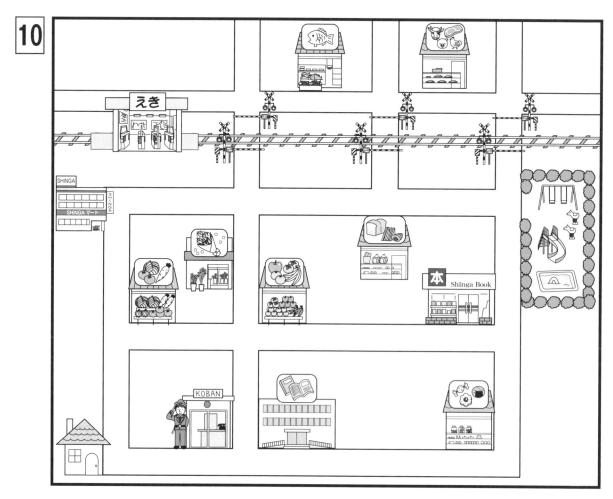

11 【お手本】

口は赤

〈台紙〉

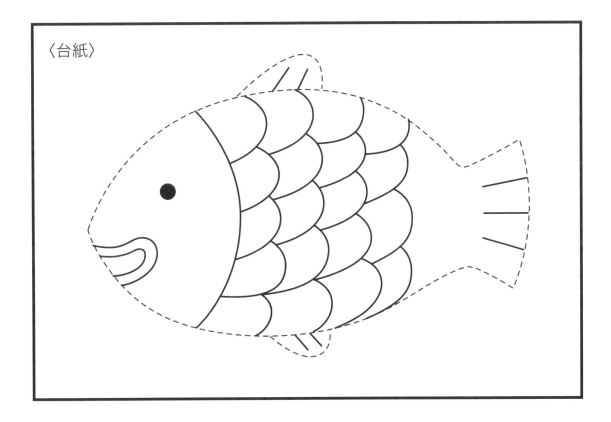

section 2022 関西大学初等部入試問題

解答は解答例003〜004ページ

■ 選抜方法

募集は2回あり、考査は1日で、月齢で決められた男女別のグループに分かれてペーパーテスト、集団テストを行う。所要時間は約1時間30分。考査日前の指定日時に親子面接がある。所要時間は10〜15分。

■ ペーパーテスト

筆記用具はクーピーペン3色（赤、青、黒）を使用し、問題ごとに色の指示がある。訂正方法は ＝（横2本線）。出題方法は電子黒板（音声）と口頭。問題はカラー。

1 話の記憶

「今日は家族で、前から楽しみにしていた水族館に行きます。たろう君のお家はお父さん、お母さん、お姉さん、たろう君の4人家族。でも今日は、お父さんはお仕事があるので、お母さん、お姉さん、たろう君の3人で出かけます。水族館へは、たろう君が大好きな電車に乗っていきます。電車に乗るとちょうど3人で座れる席があったので、みんなで座りました。3つ目の駅でおばあさんが乗ってきましたが、席がなくて困っていました。すると、たろう君はすっと立ち上がり『どうぞ』と席をゆずりました。『ありがとうね。助かったわ』とおばあさんは喜んでくれました。それを見ていたお母さんが『とてもえらいね。たろうも立派なお兄さんね』と、小さな声でほめてくれました。水族館に着くと、たくさんの人でにぎわっています。たろう君がお母さん、お姉さんと手をつないで中に入ると、目の前に大きな水槽がありました。水槽の中にはジンベエザメが気持ちよさそうに泳いでいます。『ジンベエザメってこんなに大きいんだね！』と、たろう君は大興奮です。ジンベエザメの次は、ラッコ、ペンギンの順番で見ていきました。するとお母さんが『この先を進むと休憩できる場所があるから、そこでおやつにしましょう』と言いました。おやつはたろう君の好きなドーナツです。おやつを食べた後は、イルカショーを見ました。イルカと一緒に泳ぐ調教師さんを見て『僕も大きくなったら、イルカさんと一緒に泳いでみたいな』と思うたろう君でした」

- 一番上です。たろう君が大好きな乗り物に〇をつけましょう。
- 上から2段目です。水族館へ行った人たちが、すべて正しく描いてある四角に〇をつけましょう。
- 一番下です。たろう君がおやつに食べたものは何でしたか。お話に合う絵を選んで〇をつけましょう。

2 数量（対応）

- 左側です。四角の中にはカブトムシと虫カゴがあります。カブトムシ1匹と虫カゴ1つで1組にすると、全部で何組作ることができますか。その数だけ、下の四角に〇をかきましょう。
- 右側です。四角の中には靴と靴下がバラバラにあります。靴1足と靴下1足で1組にすると、全部で何組作ることができますか。その数だけ、下の四角に〇をかきましょう。

3 数量（マジックボックス）

- 上の四角の中を見てください。不思議なトンネルを通ると、リンゴが1個増えるお約束です。このお約束のとき、下にあるリンゴがトンネルを通ると何個になりますか。その数だけ、それぞれ右側

の四角に○をかきましょう。

4 言語（しりとり）

- 左上の「ランドセル」から右下の「ラッパ」まで、しりとりでつながるように点線をなぞりましょう。

5 推理・思考（回転図形）

- 左端にあるお手本を矢印の方向に1回コトンと倒すと、どのようになりますか。正しいものを右から選んで○をつけましょう。

6 推理・思考（対称図形）

- 左端のように折り紙を半分に折り、黒いところを切り取って開くとどのような形になりますか。正しいものを右から選んで○をつけましょう。

7 言　語

- 名前の中に、つまる音があるものに○をつけましょう。

8 言語・常識

- 一番上です。「にっこり」に合う絵に○をつけましょう。
- 2段目です。秋と仲よしのものに○をつけましょう。
- 一番下です。生ゴミとして捨ててもよいものに○をつけましょう。

9 系列完成

- お寿司が決まりよく並んでいます。空いているところに入るお寿司はどれですか。下から選んで○をつけましょう。

10 構　成

- 下にある形を組み合わせて、上の形を作ります。使わないもの1つに○をつけましょう。

11 話の理解

「男の子が、おばあちゃんのお家にお土産のおだんごを届けます。左下にある三角屋根のお家から真っすぐに進んで、突き当たりを右に曲がって3軒目がおばあちゃんのお家です」

- おばあちゃんのお家に○をつけましょう。
- おばあちゃんへのお土産に何を持っていきましたか。下の四角から選んで○をつけましょう。

12 推理・思考（水の量）

- 水が入ったコップの中に氷を入れると、コップの様子はどのようになりますか。下の4つの中から選んで○をつけましょう。

13 点図形

・左側のお手本と同じになるように、右側にかきましょう。

集団テスト

14 模 写

白い画用紙が用意される。スクリーンに映し出された恐竜と太陽の絵を見ながら、画用紙にそのまま描き写す。

巧緻性

折り紙が用意される。スクリーンに映し出された折り方を見た後、その通りに折る。

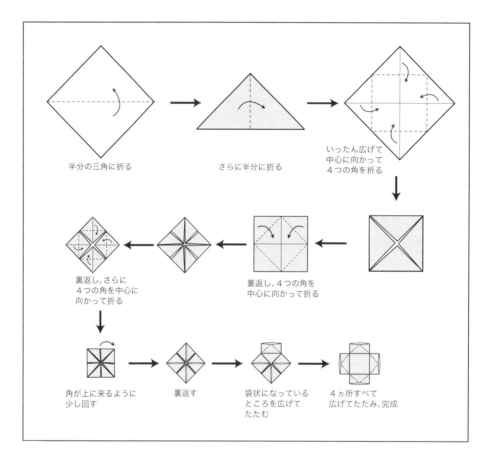

半分の三角に折る

さらに半分に折る

いったん広げて
中心に向かって
4つの角を折る

裏返し、4つの角を
中心に向かって折る

裏返し、さらに
4つの角を中心に
向かって折る

角が上に来るように
少し回す

裏返す

袋状になっている
ところを広げて
たたむ

4ヵ所すべて
広げてたたみ、完成

親 子 面 接 | 面接前にマスクを外して顔を見せた後、再びマスクをつけて質問に答える。

本 人

・お名前を教えてください。
・幼稚園（保育園）の名前を教えてください。
・クラスの名前を教えてください。

・担任の先生の名前を教えてください。担任の先生はどんな人ですか。

・仲よしのお友達1人の名前を教えてください。そのお友達とは何をして遊びますか。その遊びのどんなところが好きですか。

・お手伝いはしていますか。

・お家で動物は飼っていますか。お家で植物は育てていますか。お世話はしていますか。

・お父さん、お母さんの一番好きなところはどこですか。

・お家の中で一番好きなところはどこですか。

・一番好きな本は何ですか。その本は自分で読みますか。誰かに読んでもらいますか。

・この学校に入って、一番やりたいことは何ですか。

保護者

・志願理由をお聞かせください。

・お子さんの長所、短所をお聞かせください。

・ご家庭でのお子さんの様子をお聞かせください。

面接資料／アンケート

Web出願時に面接資料を入力する。以下のような項目がある。

・志願理由（300字以内）。

・子どもの長所（300字以内）。

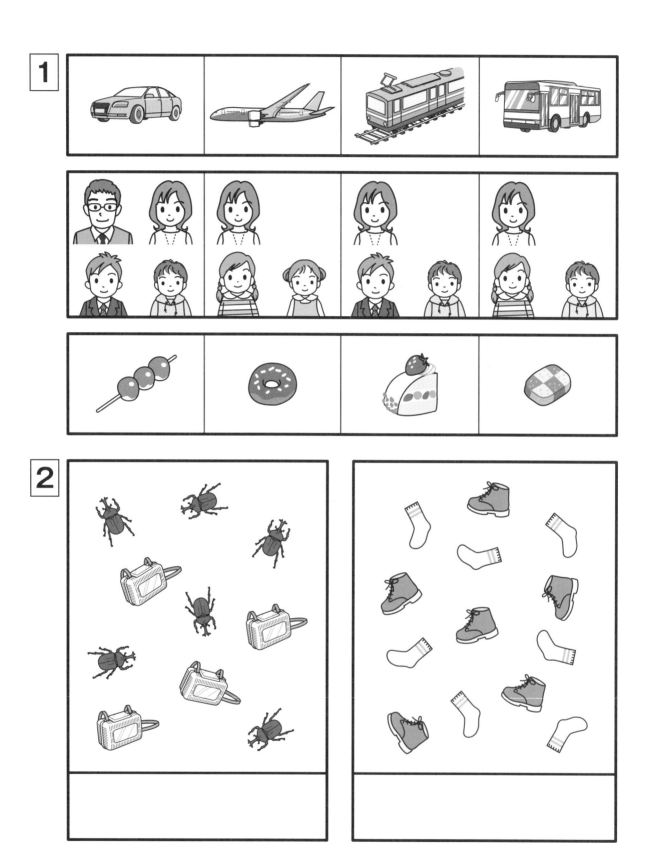

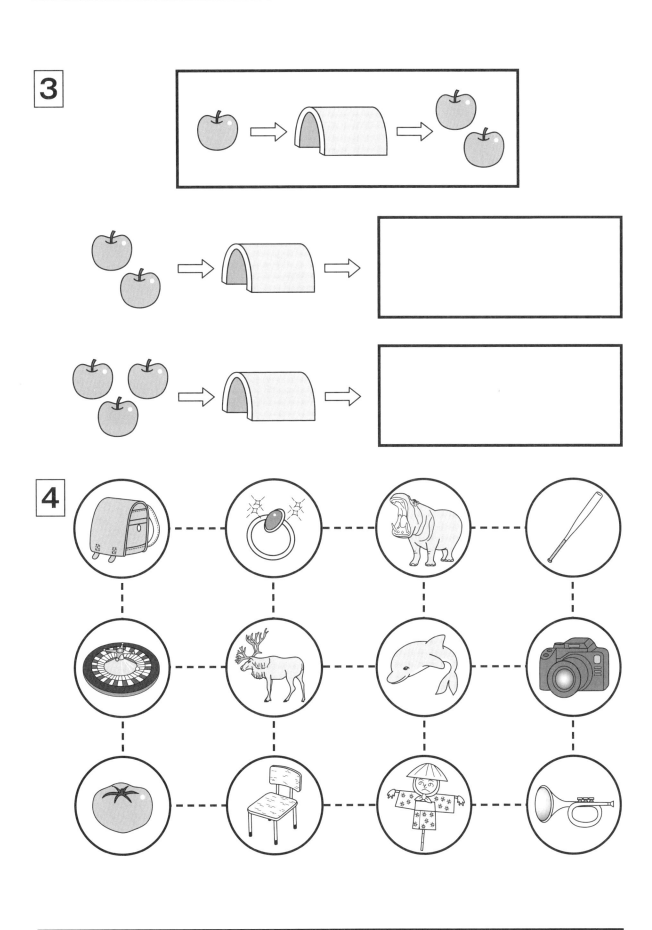

5

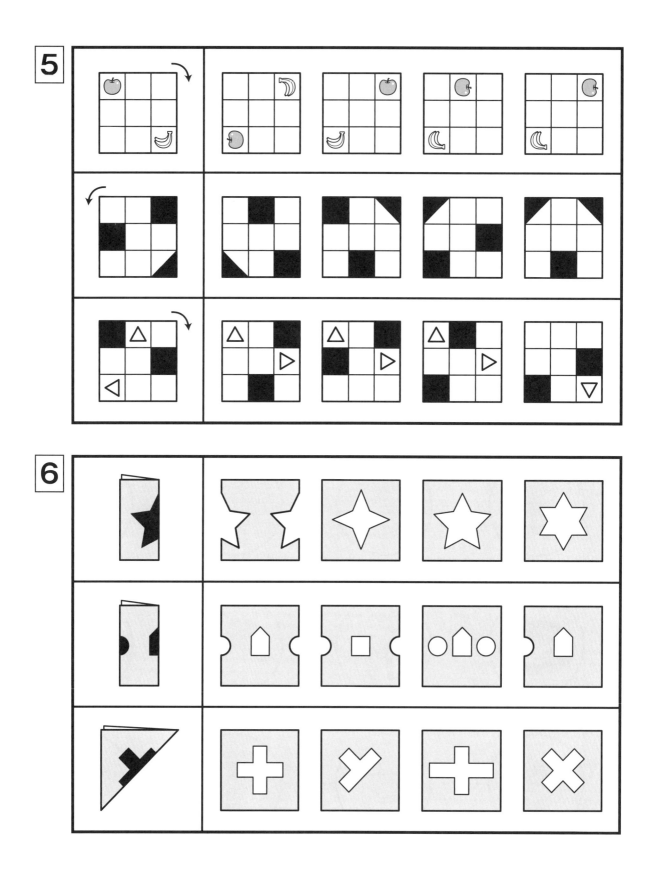

6

7

8

9

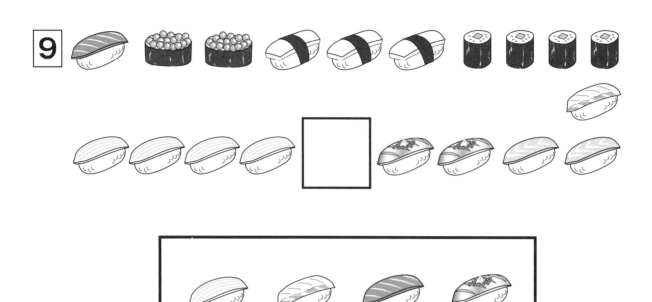

10

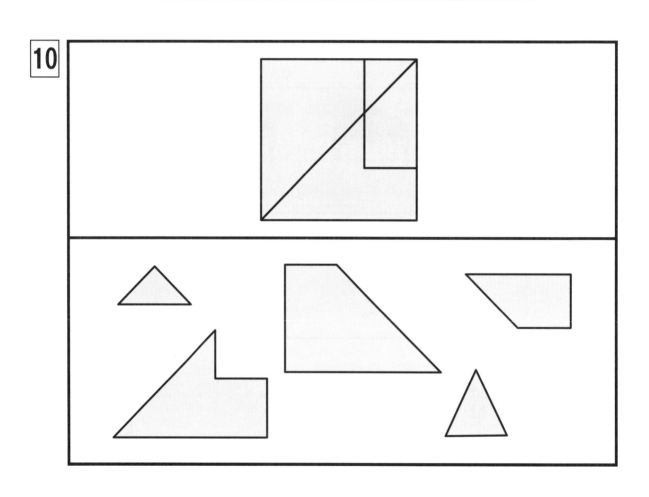

11

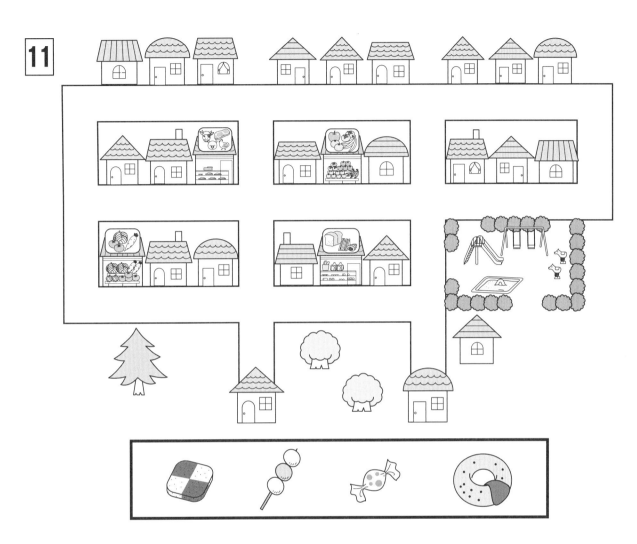

12

13

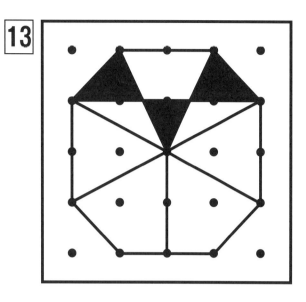 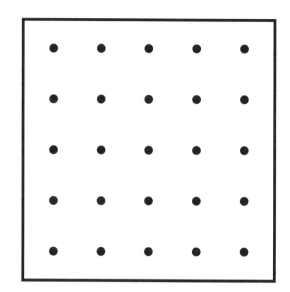

14 【お手本】

section
2021 関西大学初等部入試問題

解答は解答例004〜005ページ

■ 選抜方法

考査は１日で、月齢で決められた男女別のグループに分かれてペーパーテスト、集団テストを行う。所要時間は約１時間30分。考査日前の指定日時に親子面接がある。所要時間は約15分。

┃ ペーパーテスト

筆記用具はクーピーペン３色(赤、青、黒)を使用し、訂正方法は ＝（横２本線）。出題方法は電子黒板（音声）と口頭。問題はカラー。

1 常　識

・鉛筆の正しい持ち方に○をつけましょう。

2 巧緻性

・カタツムリの渦巻きの点線をなぞりましょう。

3 観察力

・上から５番目のものはどれですか。下に並んだものから選んで○をつけましょう。

4 言　語

・「うとうと」という言葉に合う絵に○をつけましょう。
・「ほくほく」という言葉に合う絵に○をつけましょう。
・「けわしい」という言葉に合う絵に○をつけましょう。
・「せわしい」という言葉に合う絵に○をつけましょう。

5 言　語

・「きる」という言葉に合わない絵に○をつけましょう。
・「はかる」という言葉に合わない絵に○をつけましょう。
・「ひく」という言葉に合わない絵に○をつけましょう。
・「かける」という言葉に合わない絵に○をつけましょう。

6 話の理解

※カラーで出題。絵の中の指示通りに子どもの服に色を塗ってから行ってください。
絵を見ながら、今からするお話に合うところに印をつけましょう。
・「バシャバシャ」と泳いでいる絵に○をつけましょう。
・迷子の子どもを探すアナウンスが流れました。「女の子を探しています。ピンクの服を着ていて水筒を持っています」。では、迷子の子どもに△をつけましょう。

7 話の記憶

同じ絵を見ながらお話を聞きましょう。

「ここには、動物の世話をする飼育員さんがいます。飼育員さんは朝からいろいろな仕事をしています。初めにウサギ小屋の掃除をします。次にサルに餌をやります。お昼ごはんを食べた後、ゾウの体を洗います。その後で鳥小屋の掃除をします。最後にペンギンの健康チェックをして一日が終わります」

・飼育員さんが4番目にした仕事は何ですか。その仕事をした場所に◎をつけましょう。

8 数 量

・モモはいくつありますか。その数だけ下の丸を塗りましょう。

・リンゴとイチゴを合わせるといくつになりますか。その数だけ下の丸を塗りましょう。

9 推理・思考（比較）

・色と長さの違う3種類のテープがあります。それぞれを同じ色同士でつなげていくと、2番目に長くなるテープはどれですか。下の長四角から選んで○をつけましょう。

10 位 置

・左側のマス目を見ましょう。生き物が並んでいます。右端から3番目の生き物に○をつけましょう。

・右側のマス目を見ましょう。わたしはゾウから左側に数えて4番目です。わたしに○をつけましょう。

11 観察力

・積み木でお家を作りました。同じ形を下から選び、点と点を線で結びましょう。

12 推理・思考（進み方）

・ドローンで宝探しに行きます。ドローンは壁にぶつかると右に進みます。では、ドローンが最後に着いたところにある宝物はどれですか。その宝物に○をつけましょう。

13 話の記憶

男の子が昨日の出来事をお話ししてくれました。お話を聞いて、その後の質問に答えましょう。

Ａ

「今日は5月11日です。昨日は母の日だったので、お母さんの好きなお花をお花屋さんで買ってプレゼントしました」

・男の子がお母さんにあげたお花で合わないなと思う絵を、上の段の長四角から2つ選び、○をつけましょう。

「お母さんにプレゼントを渡した後、お父さんと出かけました。お財布を拾ったので届けることにしました」

・拾ったお財布を届けるところはどこですか。真ん中の段の長四角から１つ選び、○をつけましょう。

「お財布を届けた後、お天気がよかったのでお父さんと近くの山に登りました。途中でいろいろな生き物を捕まえました」

・男の子が捕まえたと思う生き物を下の段の長四角から２つ選び、○をつけましょう。

B
「山の上まで登ると空気が澄んでいてとても気持ちよく、景色もとてもきれいでした。遠くにいろいろな風景が見えました」

・見えたと思う景色の絵を２つ選んで○をつけましょう。

「お家に帰ってお母さんとカレーを作りました。とてもおいしくできたので、たくさん食べてしまい、おなかがいっぱいになりました」

・カレーを作る順番が正しく描いてある絵の左端の丸を塗りましょう。

「夕ごはんを食べた後、今日の出来事を絵日記に描きました」

・男の子が描いたこの日の絵日記に合わないと思う絵を２つ選んで○をつけましょう。

集団テスト

制　作

教室内の右側に造花（チューリップ、カーネーション、サクラ、キクなど）、左側にラッピング用のお花紙、後方にビニールワイヤが用意されている。
・造花の中から指示された３本を選び、お花紙を１枚、ビニールワイヤを１本取ってくる。
・モニターで手順を示されるので、その通りに花束を作成する。

模倣体操

モニターに映るテスターのお手本を見ながら、リズムに合わせて手、頭、ひざなどをたたき、足を踏みならす。

親 子 面 接

本 人

・幼稚園（保育園）の名前を教えてください。

・幼稚園（保育園）の先生の名前を教えてください。
・仲よしのお友達2人の名前を教えてください。
・お友達とけんかをしたことはありますか。
・幼稚園（保育園）で困ったことはありますか。
・お父さん、お母さんの好きなところを教えてください。
・お家では、お父さんやお母さんと何をして遊びますか。
・お手伝いはしていますか。どのようなお手伝いをしていますか。
・お母さんの作るお弁当のおかずで、好きなものは何ですか。
・お家の中で一番好きなところはどこですか。
・大きくなったら何になりたいですか。

父　親

・志願理由をお聞かせください。
・ご家庭の教育理念についてお聞かせください。
・お子さんには将来どのような人に成長してほしいですか。
・学校に期待することは何ですか。

母　親

（父親への質問の答えについて追加することはないか、続けて聞かれる）
・お子さんのすてきなところを教えてください。
・お子さんはきょうだいと仲がよいですか。

面接資料／アンケート

Ｗｅｂ出願時に面接資料を入力する。以下のような項目がある。

・初等部志願の理由（300字以内）。
・受験者の長所について（300字以内）。

1

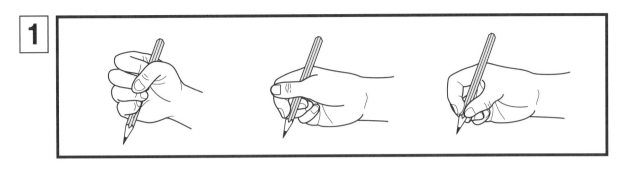

2

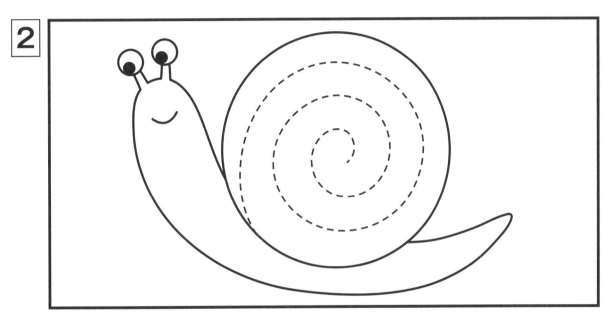

3

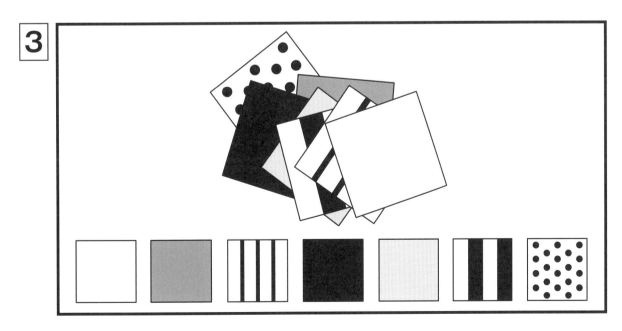

4

5

8

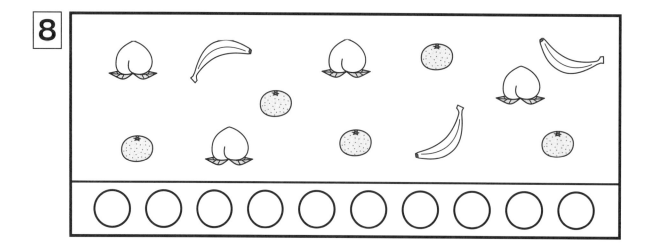

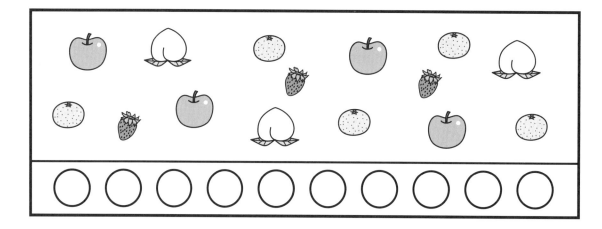

9

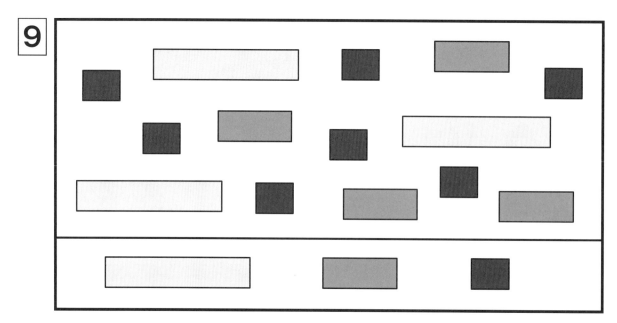

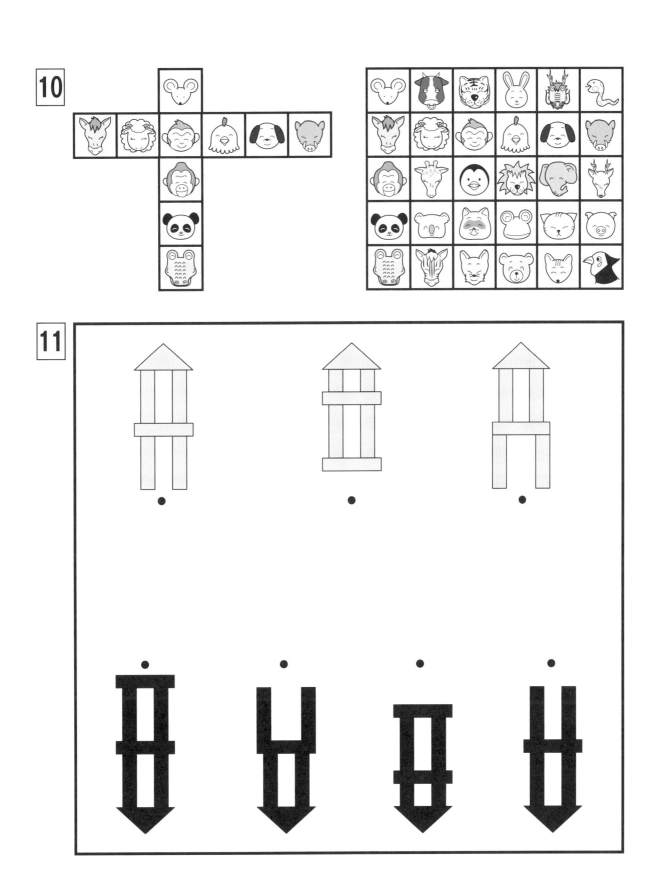

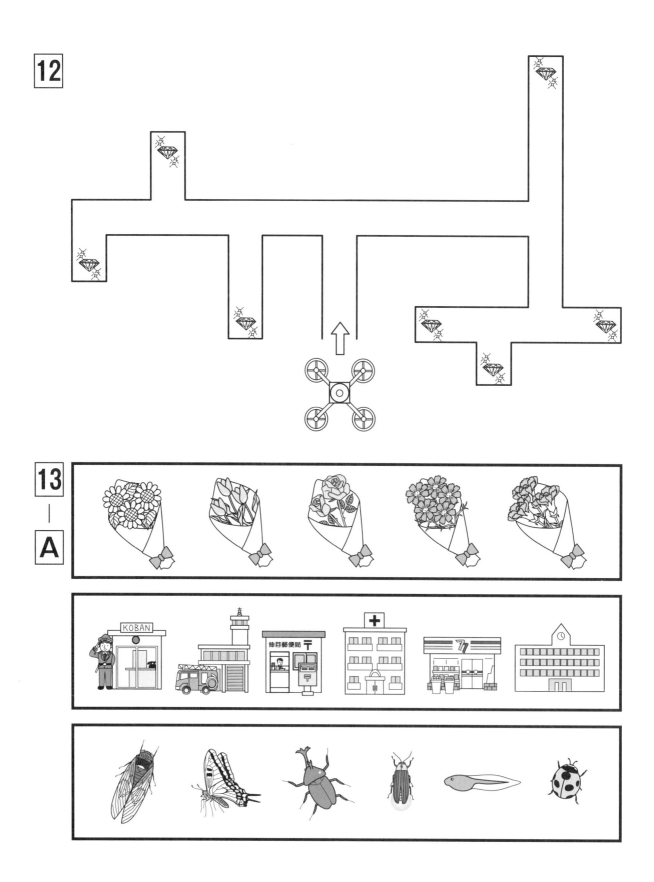

12

13

—

A

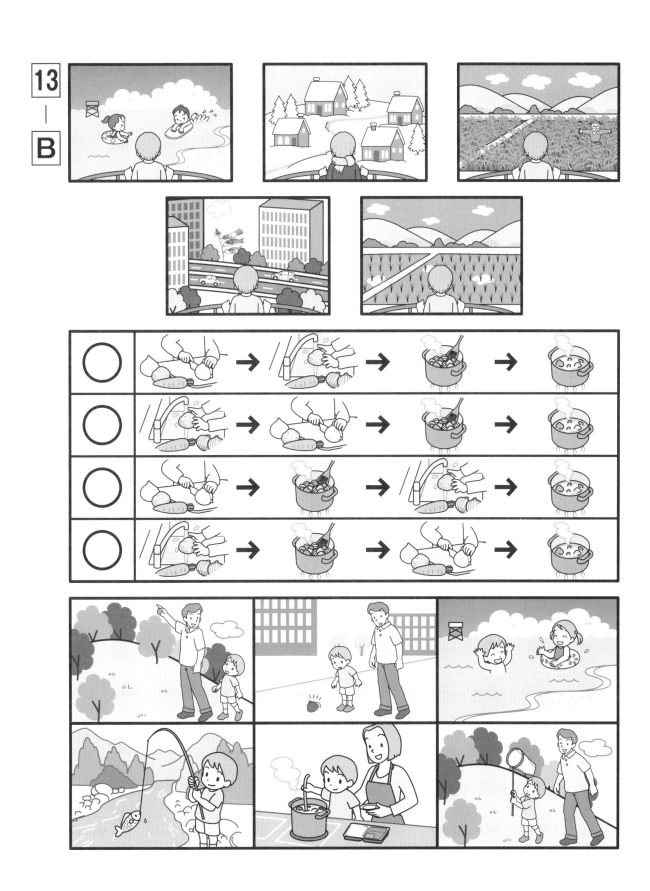

2020 関西大学初等部入試問題

解答は解答例005〜007ページ

■ 選抜方法

考査は1日で、月齢で決められた男女別のグループに分かれてペーパーテスト、集団テストを行う。所要時間は約2時間。考査日前の指定日時に親子面接がある。所要時間は約15分。

┃ ペーパーテスト ┃

筆記用具はクーピーペン3色(赤、青、黒)を使用し、訂正方法は ═(横2本線)。出題方法は電子黒板（音声）と口頭。問題はカラー。

1 話の記憶

「今日は雲一つないとてもよい天気なので、ネズミさんは散歩に出かけることにしました。少し歩いていくと小川があり、道端にはタンポポの花がいっぱい咲いていました。また、歩いて行くと大きな木の上から小鳥の美しい鳴き声が聞こえてきました。ネズミさんはその鳴き声を聞いているうちにうっとりして、木陰でいねむりをしてしまいました」

・外はどんな天気でしたか。合う絵に赤で○をつけましょう。
・ネズミさんが散歩に出かけたのはどんなところでしたか。合う絵に青で○をつけましょう。
・小鳥の鳴き声を聞いていたときのネズミさんの様子に合う絵に赤で○をつけましょう。

2 話の理解

「朝、学校に着くと先生にあいさつをしました。教室で体操服に着替えてサッカーをしました。その後トイレに行き、手と顔を洗いました」

・2番目にしたことの絵に黒で○をつけましょう。

「本屋さんの一日です。朝、新しい本を並べました。お昼にお客さんが探していた本を見つけて渡しました。夕方にはお店で子どもたちに読み聞かせをしました。お店が終わってから今日あったことをノートに書きました」

・3番目にしたことに青で○をつけましょう。

「1匹のサケが海を泳いでいました。その後、卵を産むため川を上りました。川の中でもう1匹のサケと出会い2匹になりました。それからたくさん卵を産みました」

・3番目の絵に赤で○をつけましょう。

3 常 識

・あいさつをしている様子の絵に青で○をつけましょう。

・教室での様子です。この中で2番目に大きな声で話をしていると思うのはどの絵ですか。黒で○をつけましょう。

4 言　語

・「べとべと」という言葉に合う絵に青で○をつけましょう。
・「ぽかぽか」という言葉に合う絵に青で○をつけましょう。
・「じりじり」という言葉に合う絵に青で○をつけましょう。
・「しんしん」という言葉に合う絵に青で○をつけましょう。

5 言　語

・「あける」という言葉に合わない絵に赤で○をつけましょう。
・「さす」という言葉に合わない絵に赤で○をつけましょう。
・「つく」という言葉に合わない絵に赤で○をつけましょう。
・「とまる」という言葉に合わない絵に赤で○をつけましょう。

6 数　量

・お皿にイチゴはいくつありますか。その数だけ下の丸を黒で塗りましょう。
・リンゴとミカンはどちらがいくつ多いですか。多い数だけその果物の横の丸を青で塗りましょう。

7 数　量

・色の一番濃いチューリップと白いチューリップを合わせるといくつですか。同じ数のブロックの絵に赤で○をつけましょう。

8 推理・思考（比較）

・左側の絵を見ましょう。筒の周りに巻かれたひもは、どちらが長いですか。長い方に青で○をつけましょう。
・右側の絵を見ましょう。筒の周りに巻かれたひもは、どれが一番長いですか。一番長いひもに黒で○をつけましょう。

9 構成（欠所補完）

・パズルで真四角を作ります。空いている場所にピッタリあてはまるものはどれですか。同じ四角の中から選んで赤で○をつけましょう。パズルは向きを変えてもよいですが、裏返してはいけません。

10 系列完成

・お寿司が決まりよく並んでいます。空いているところに入るお寿司はどれですか。四角の中から選んで青で○をつけましょう。

11 常識（生活）

※カラーで出題。絵の中の指示通りに丸に色を塗ってから行ってください。
・スプーンで食べるものには黒で、フォークで食べるものには青で、はしで食べるものには赤で○を

つけましょう。

12 推理・思考

- 上です。左の四角のスーパーマーケットで、男の子が右の四角の品物を全部買います。男の子が今いるところから進んで品物を全部取り、円マークがかいてあるレジのどれかまで行くには、どこを通ると一番近いですか。一番近い道に青で線を引きましょう。ただし、同じ道は一度しか通ることはできません。
- 下です。左の四角のスーパーマーケットに、女の子が4人立っています。右上の四角のように売り場が見えている女の子に赤で○をつけましょう。
- 左の四角のスーパーマーケットに売っていない種類のものを右下の四角の中から選んで、青で○をつけましょう。

13 常　識

- 上の大きな四角です。ある自然公園に行きました。この絵と同じ季節のものを、すぐ下から全部選んで青で○をつけましょう。
- 真ん中の左です。この虫を捕まえるためには、自然公園のどの場所を探すとよいですか。上の自然公園の絵のその場所に赤で○をつけましょう。
- 真ん中の右です。自然公園の池で、ある虫の赤ちゃんを見つけました。それはどの虫の赤ちゃんですか。合うものを選んで青で○をつけましょう。
- 下の左です。自然公園でもらった野菜とお家にあった野菜で料理を作ります。左の野菜の切り口を右から選んで、点と点を青い線で結びましょう。
- 下の右です。自然公園にいる子どもたちの中で、このように見えている子どもは誰ですか。上の自然公園の絵のその子どもに青で○をつけましょう。

14 話の理解

※カラーで出題。絵の中の指示通りにスカートに色を塗ってから行ってください。
- 上の四角です。一番背の高い人は悪い人を捕まえる仕事をしています。火を消す仕事の人は手紙を運ぶ仕事の人の隣にいます。今お話ししたように人が並んでいる四角に黒で○をつけましょう。
- 真ん中の四角です。今お話しした3人が仕事で乗らないものすべてに黒で○をつけましょう。
- 下の四角です。同じ年の3人の子どもが、誕生日の早い順番で前から並んでいます。セミが鳴く季節に生まれた子どもは青いスカート、こいのぼりを飾る季節に生まれた子どもは黄色いスカート、葉っぱが赤くきれいになる季節に生まれた子どもは赤いスカートをはいています。今お話ししたように3人が前から順番に並んでいる四角に黒で○をつけましょう。

15 推理・思考（進み方）

※カラーで出題。絵の中の指示通りに上のお約束の丸に色を塗ってから行ってください。
上の四角のように黒丸だと上、赤丸だと左、青丸だと右に、男の子がマス目を1つずつ進むお約束です。では、下を見ましょう。
- 左上です。男の子が今いるところから、すぐ下の丸の数だけマス目を進みます。ちょうどピッタリ星のマス目に着くには、どのような色の順番で進めばよいですか。その順に、下の丸に左から色を

塗りましょう。

・右上です。男の子が八百屋さんに行きます。すぐ下の丸の数だけマス目を進み、ちょうどピッタリ八百屋さんに着くには、どのような色の順番で進めばよいですか。その順に、下の丸に左から色を塗りましょう。

・下です。男の子がポストに手紙を出しに行くと、途中でネコに会いました。すぐ下の丸の数だけマス目を進んでちょうどピッタリポストに着いたとすると、どのポストにどのような色の順番で進んだのでしょうか。その順に、下の丸に左から色を塗りましょう。

集団テスト

5、6人のグループに分かれて行う。タンバリンが1回鳴ったら始め、3回鳴ったらやめて指示された床の上の枠に入り体操座りをする。

行動観察（ジャンケンゲーム）

2チームに分かれて行う。S字のラインがあり、真ん中に平均台が置いてある。ラインの両側からそれぞれのチームが1人ずつ進み、平均台の上に乗り、さらに進んで出会ったところでジャンケンをする。ジャンケンに勝ったらそのまま進み、負けたら戻って自分のチームの列の最後尾につく。

自由遊び

トランプ、パズル、ボウリングなど用意されているもので、グループのお友達と楽しく遊ぶ。「やめ」と言われたら途中でも片づけをする。

共同絵画

3、4人ずつのグループに分かれて行う。恐竜の絵が描かれたお手本が1枚、画用紙が1枚、クレヨン1箱が用意されている。お手本と同じ絵をみんなで描く。

模倣体操

映像でお手本を見てから行う。「こんなことこんなことどうするの？」とテスターが言うリズムに合わせながら、テスターと同じ動きをする。

親 子 面 接

本 人

・幼稚園（保育園）の名前を教えてください。
・幼稚園（保育園）の先生の名前を教えてください。
・仲よしのお友達2人の名前を教えてください。
・幼稚園（保育園）では何をして遊んでいますか。
・幼稚園（保育園）で楽しいのは、どのようなことですか。
・運動会では何の種目に出ますか。どのような練習をしていますか。
・お父さん、お母さんの好きなところを教えてください。
・お家では、お父さんやお母さんと何をして遊びますか。

・お手伝いはしていますか。どのようなお手伝いをしていますか。

・お家の中で一番好きなところはどこですか。

・大きくなったら何になりたいですか。

父　親

・志願理由をお聞かせください。

・お子さんのご家庭での様子を教えてください。

母　親

・お子さんのすてきなところをたくさん教えてください。

・本校のオープンスクール、説明会で印象に残ったことを教えてください。

3

4

5

6

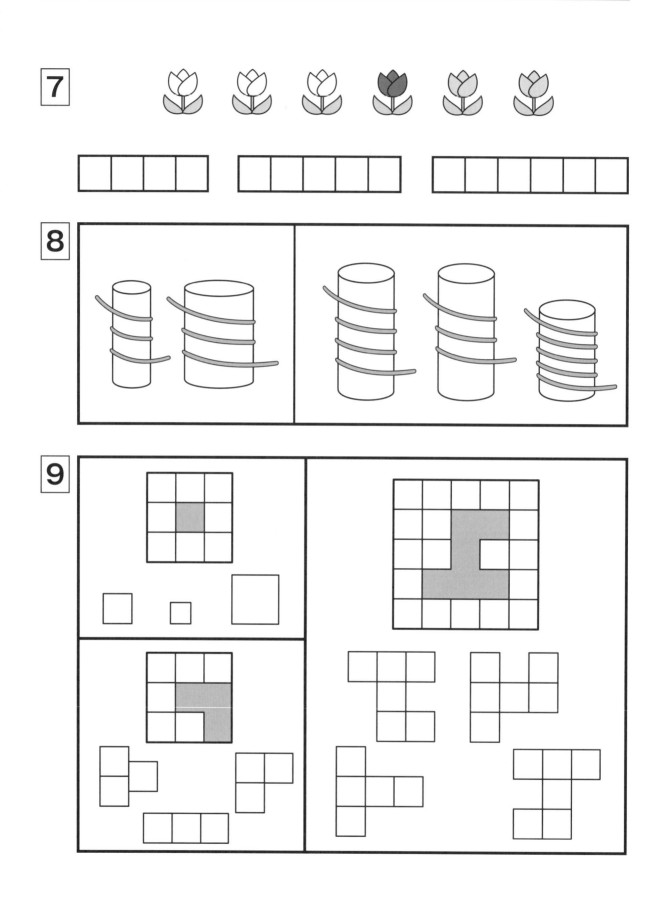

10

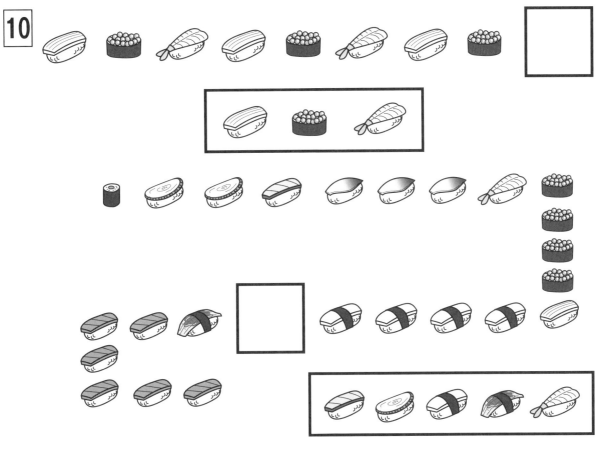

11

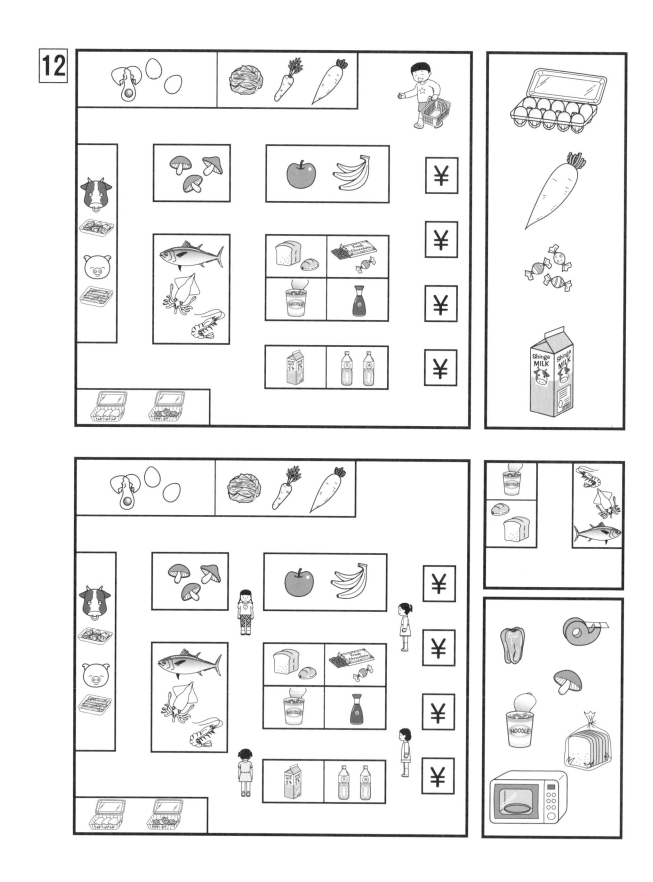

13

14

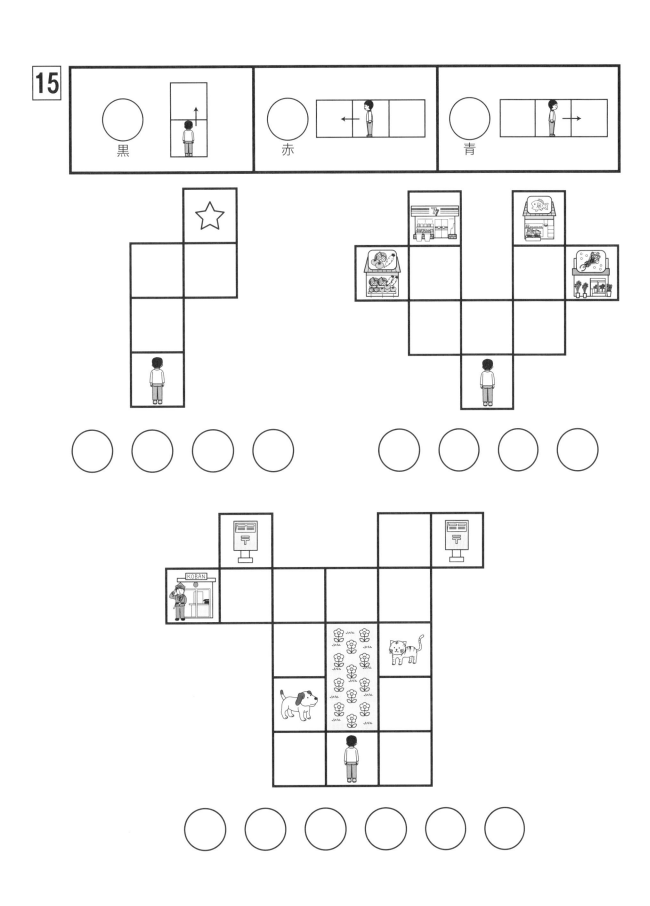

2019 関西大学初等部入試問題

解答は解答例007〜008ページ

■ 選抜方法

考査は1日で、月齢で決められた男女別のグループに分かれてペーパーテスト、集団テストを行う。所要時間は2時間30分〜3時間。考査日前の指定日時に親子面接がある。所要時間は約15分。

┃ ペーパーテスト ┃ 筆記用具はクーピーペン3色（黒、青、緑）を使用し、訂正方法は ＝（横2本線）。出題方法は音声と口頭。問題はカラー。

1 言 語

- ・名前の音の並び方が左の絵と同じ決まりのものを、右から選んで○をつけましょう。
- ・左の2つの絵はある仲よしの言葉です。どのような仲よしかを考えて、同じように仲よしだと思う組み合わせを右から選んで○をつけましょう。

2 言 語

- ・「うっとり」という言葉に合う絵に○をつけましょう。
- ・「ぐったり」という言葉に合う絵に○をつけましょう。
- ・「びっくり」という言葉に合う絵に○をつけましょう。
- ・「がっかり」という言葉に合う絵に○をつけましょう。

3 言 語

- ・「ふんばる」という言葉に合う絵に○をつけましょう。
- ・「はげます」という言葉に合う絵に○をつけましょう。
- ・「はく」という言葉に合わない絵に○をつけましょう。
- ・「うつ」という言葉に合わない絵に○をつけましょう。

4 話の理解

※カラーで出題。絵の中の指示通りにトマトに色を塗ってから行ってください。

- ・光がいっぱいでシーンとしている様子の絵に○をつけましょう。
- ・ミニトマトが大きくなってきました。薄い緑と濃い赤の実があります。花もあります。この様子に合う絵に○をつけましょう。

5 常 識

- ・上の段です。リンゴができるまでの様子を表した4枚の絵があります。順番に並べたとき、最初になる絵に○をつけましょう。
- ・真ん中の段です。春はリンゴの木はどのようになりますか。○をつけましょう。
- ・下の段です。夏はリンゴの木はどのようになりますか。○をつけましょう。

6 **推理・思考（比較）**

・いろいろな色の積み木があります。同じ色ごとに積み木を積んだとき、一番高くなるのはどの色ですか。下の長四角から選んで○をつけましょう。

7 **推理・思考（重さ比べ）**

・シーソーで動物たちが重さ比べをしました。２番目に重いのはどの動物ですか。右から選んで○をつけましょう。

8 **系列完成**

・動物たちが決まりよく並んでいます。どのような決まりか考えて、空いている四角に入る動物を右から選んで○をつけましょう。

9 **推理・思考（鏡映図）**

・左端の絵は鏡にどのように映りますか。右から選んで○をつけましょう。

10 **数量（進み方）**

・４人の子どもが絵のようなマス目を通って公園に行きます。同じ速さで歩いたとき、３番目に公園に着くのは誰ですか。合う絵に○をつけましょう。

11 **観察力（同図形発見）**

・左の絵がそのまま大きくなったものを、右から選んで○をつけましょう。

12 **推理・思考**

上の地図と見比べながら答える。

・下の左です。これは上の地図のある部分です。黒い星のところには何がありますか。すぐ下から選んで○をつけましょう。
・右上です。この絵のような景色が見えているのは、上の地図の中の誰ですか。右から選んで○をつけましょう。
・右下です。左の絵のものを買ってくるよう、お使いを頼まれました。地図の中の丸のついたお家から出発してお買い物をするとき、一番早く帰れる順番はどれですか。右から選んで○をつけましょう。

13 **常識（季節）**

・左上です。夏の花には○、秋の花には□をつけましょう。
・左下です。夏に食べるものには○、秋に食べるものには□をつけましょう。
・右上です。夏の景色には○、秋の景色には□をつけましょう。
・右下です。夏の夜のものには○、秋の夜のものには□をつけましょう。

14 **常　識**

・上の絵のものは何から作られていますか。下から選んで、点と点を線で結びましょう。

15 常識（季節）

・秋にコマを作るときはどれを使えばいいですか。○をつけましょう。

16 常　識

・子どものときと姿が変わらない生き物に○をつけましょう。

17 常　識

・水に浮くものに○をつけましょう。

18 推理・思考（水の量）

・麦茶の入った瓶があります。それぞれ同じ量の砂糖を入れて飲んだとき、一番甘くなるものに○をつけましょう。

19 常　識

・電車に乗るときの様子です。順番が正しいものを選んで、左端の四角に○をかきましょう。
・レストランに行ったときの様子です。順番が正しいものを選んで、左端の四角に○をかきましょう。

▌集団テスト

5、6人のグループに分かれて行う。タンバリンが1回鳴ったら始め、3回鳴ったらやめて指示された床の上の枠に入り体操座りをする。

🔲 行動観察（ボウリング）

グループごとに、用意されたボウリングで遊ぶ。線から出ないというお約束がある。

🔲 行動観察（積み木遊び）

グループで順番を決め、積み木を高く積んでいく。1人1個ずつ積むというお約束がある。

🔲 共同絵画

模造紙に動物園の柵が描いてある。1人1つのお道具箱を用意し、「大きな丸を描く」「その周りに丸をいっぱい描く」「丸に色を塗っていく」などの指示があり、クレヨンを使って相談しながら絵を描き足していく。

▌親 子 面 接 ▌

本 人

・幼稚園（保育園）の名前を教えてください。
・幼稚園（保育園）の先生の名前を教えてください。
・お父さん、お母さんの好きなところを教えてください。
・お家でお父さん、お母さんと何をして遊びますか。

・好きな絵本は何ですか。何が出てきますか。どんな場面が好きですか。

・お手伝いは何をしていますか。それは難しいですか。

・夏にした楽しかったことを教えてください（発展あり）。

・お友達の名前を教えてください。そのお友達はどんな髪型ですか。何をして遊びますか。

父 親

・お子さんの受験番号とお名前を教えてください。

・志願理由をお聞かせください。

・お子さんの長所は何ですか。

母 親

・ご家庭でのお子さんの様子をお聞かせください。

・本校のオープンスクールや説明会で印象に残ったことはありますか。

1

2

3

4

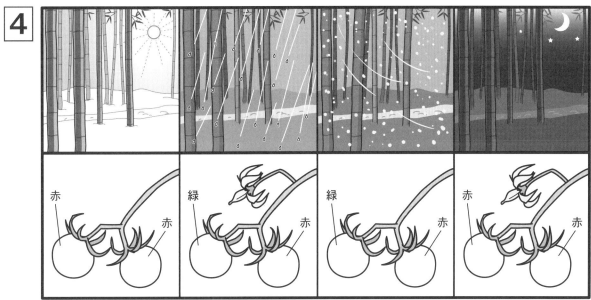

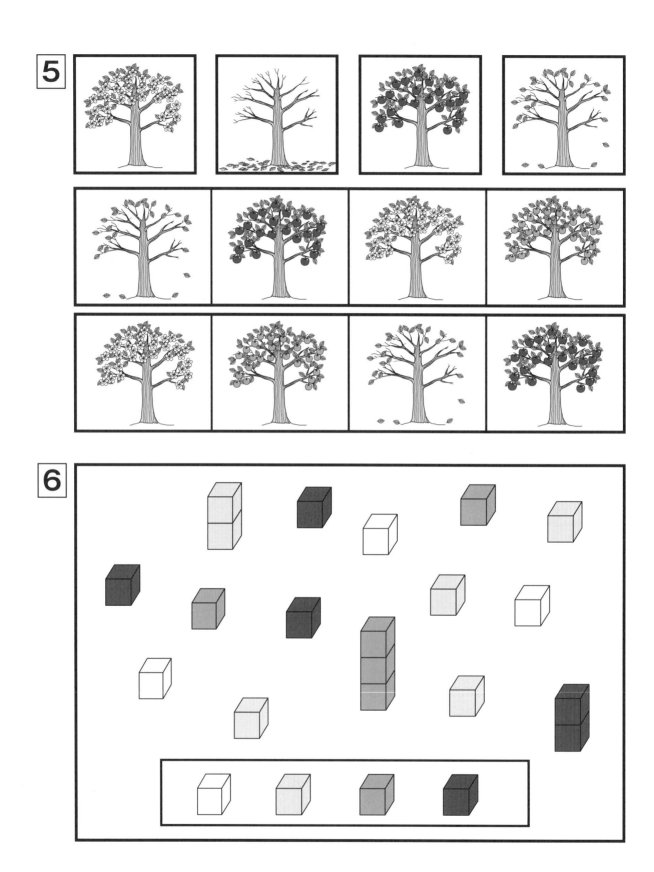

7

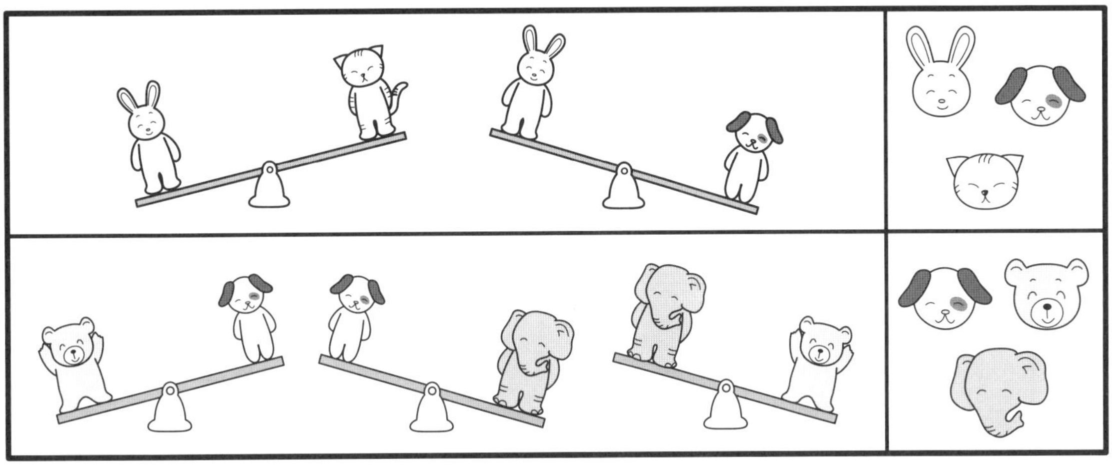

8

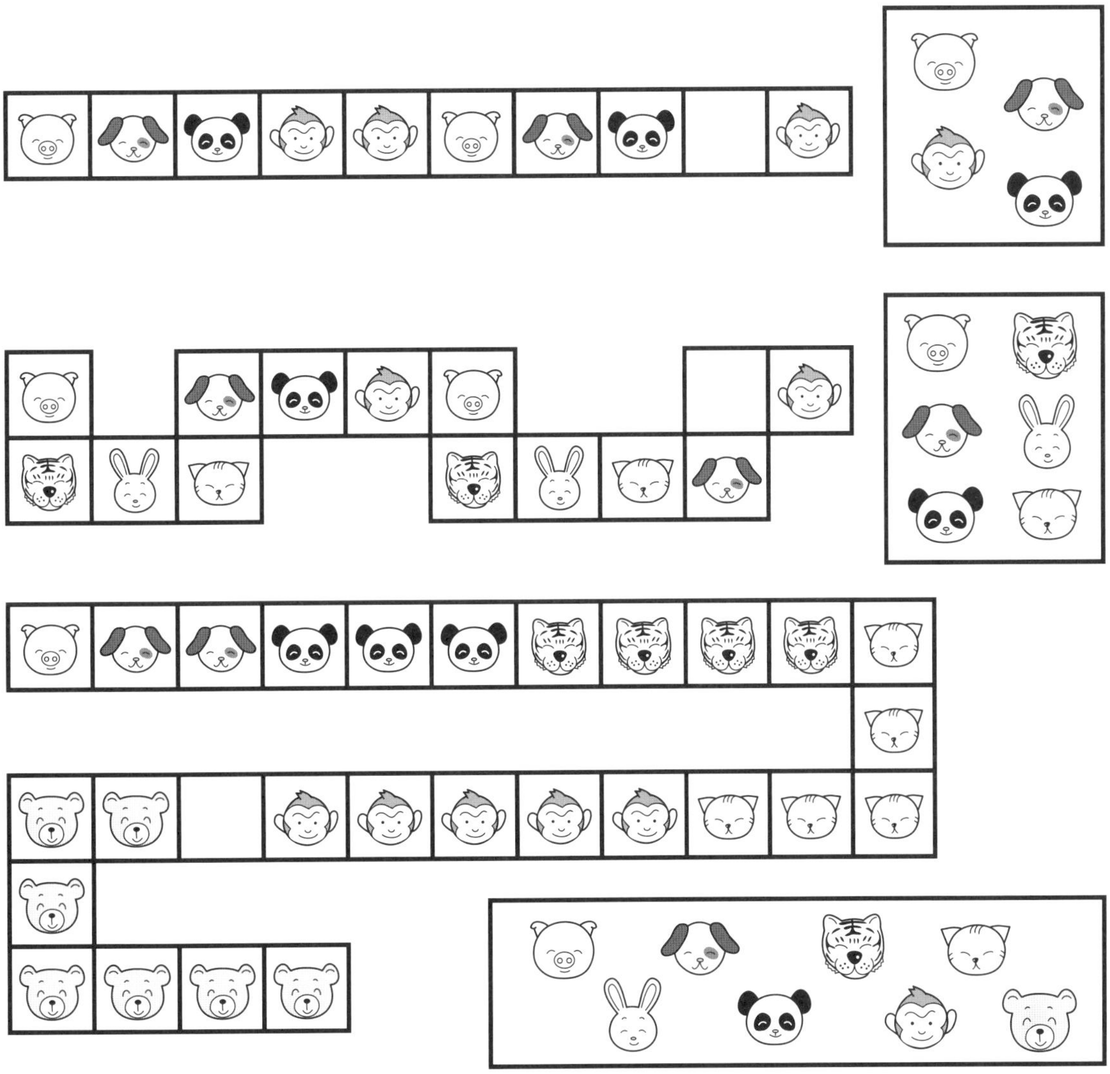

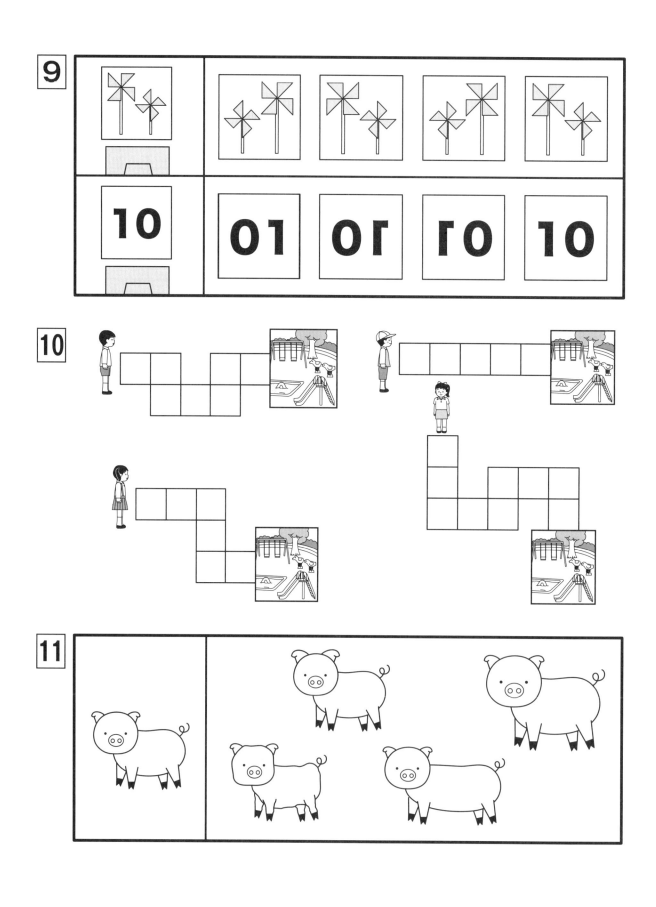

12

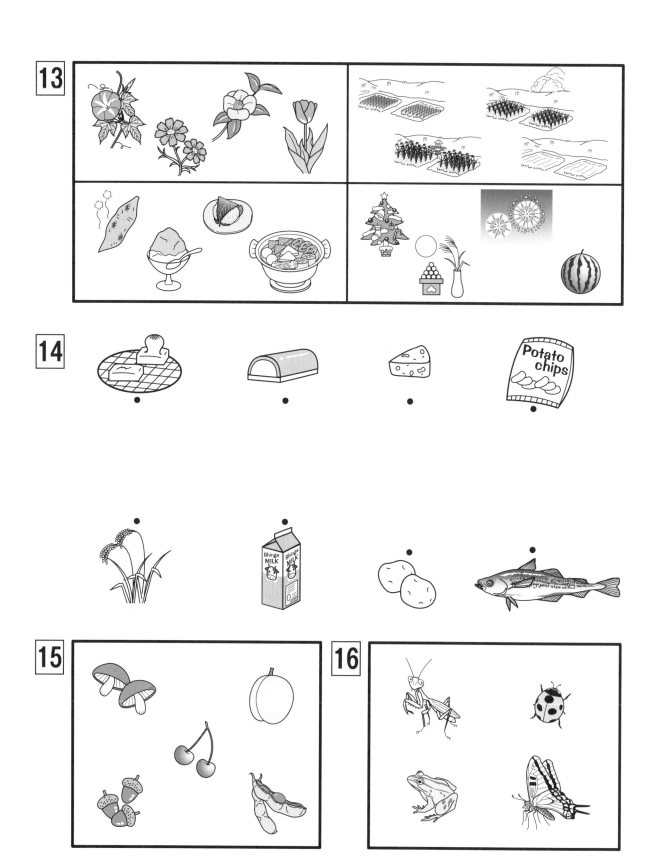

section 2023 関西学院初等部入試問題

解答は解答例009ページ

■ 選抜方法

A入試…月齢順に受験番号が決まる。考査は1日で、男女別のグループ15～20人単位でペーパーテスト、集団テスト、運動テストを行う。所要時間は約2時間30分。考査日前の指定日時に親子面接がある。所要時間は約10分。

B入試…考査は1日で、親子面接と集団テストを行う。

┃ ペーパーテスト

筆記用具は青のクーピーペンを使用し、訂正方法は// (斜め2本線)。出題方法は音声。

1 巧緻性

・2本の太い線にぶつからないように、それぞれの道の真ん中に線を引きましょう。

2 常識 (季節)

・それぞれの段に、季節の絵が並んでいます。正しい季節の順番に左から並んでいる段を選んで、左端の四角に○をかきましょう。

3 常 識

・4枚の絵があります。この中から、8月のものだと思う絵に○をつけましょう。

4 常識 (生活)

・上の段に描いてある人と仲よしのものはどれですか。真ん中と下の段からそれぞれ選んで、点と点を線で結びましょう。

5 推理・思考

・いろいろな印が、段ごとにある決まりで並んでいます。空いている四角に入る印をかきましょう。

6 常 識

・磁石にくっつくものとくっつかないものの、両方が入っている袋に○をつけましょう。

7 推理・思考 (重さ比べ)

・上を見ましょう。カタツムリ2匹とアリ3匹がつり合っています。では、カタツムリ4匹とつり合うアリは何匹ですか。その数だけ、下のマス目に○をかきましょう。

8 話の理解

「さとし君は、お母さんにお買い物を頼まれてスーパーマーケットに行きました。お母さんからは『トマト1個とダイコン1本を買ったら、お肉を売っているコーナーの隣でお豆腐が売られているから、

そこでお豆腐を1丁買ってきてね』と言われています。そして、お買い物が終わったら好きな果物を1個買っていいというお約束だったので、さとし君はリンゴを買いました。帰り道に公園の前を通るとドングリが2個落ちていたので、拾ってズボンのポケットに入れました」

・スーパーマーケットの4つの売り場で売られていたものの絵があります。この中で、さとし君が買ったものに○をつけましょう。

9 話の記憶

「おにたのぼうし」（あまんきみこ作　いわさきちひろ絵　ポプラ社刊）を聴く。

3人の子どもたちが左から順に話すことを聴いて、自分と同じ気持ちだと思った子どもの顔に○をつけましょう。
・チューリップの段です。節分の豆まきの音を聞いて、おにたはどんな気持ちだったと思いますか。
「あゆみです。オニにも人間と同じようによいオニと悪いオニがいることを、人間が知らないので残念だったと思います」
「こうたです。豆まきの音を聞いただけで、怖くて怖くて早く逃げたかったと思います」
「さあやです。物置小屋にすむのも飽きてきたので、出ていくのにちょうどよいと思ったと思います」
・タンポポの段です。トタン屋根の家に住んでいる女の子が、病気で寝ているお母さんに「お腹がすいたでしょう」と言われて「いいえ、すいてないわ」と答えましたね。どうしてそう答えたのだと思いますか。
「ちはるです。本当に、お腹がすいていなかったからだと思います」
「けんたです。病気のお母さんに心配をかけたくなかったからだと思います」
「ゆりです。ごはんを先に食べていて、お腹がいっぱいだったからだと思います」
・ヒマワリの段です。女の子が豆まきをしたいと言ったとき、おにたはどんな気持ちになったと思いますか。
「みきです。豆まきされるとその場所にはいられなくなるので、悲しくなったと思います」
「とおるです。親切にしたのに豆をまかれて追い払われるのだと思って、腹が立ったと思います」
「ゆうこです。オニだっていろいろなオニがいるのに、また悪いと思われて悲しくなったと思います」

集団テスト

共同制作

5、6人のグループで行う。各グループの机の上に7本の線がかかれた模造紙が置かれている。近くに別の机があり、材料としてさまざまな色のお花紙と丸いシール、スティックのり2本が用意されている。床には小さなほうきとちりとりのセットが2つ、ゴミ箱が用意されている。
・みんなで協力して、虹を完成させましょう。

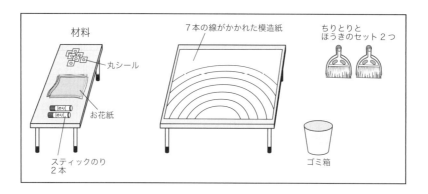

材料

7本の線がかかれた模造紙

ちりとりと
ほうきのセット2つ

丸シール

お花紙

スティックのり
2本

ゴミ箱

運動テスト

連続運動

別室でお手本の映像を見てから、体育館に移動して1人ずつ行う。ほかのお友達が行っているときは、その様子を見ないように後ろ向きで体操座りをして待つ。

・黄色、青、黄色の3枚のマットの上をアザラシ歩きで進む→踏み切り板で両足跳びをして、マットの上に着地する→2mほど先の的に向かって、「やめ」と言われるまでカラーボールを投げる（ボールは拾わなくてよい）。

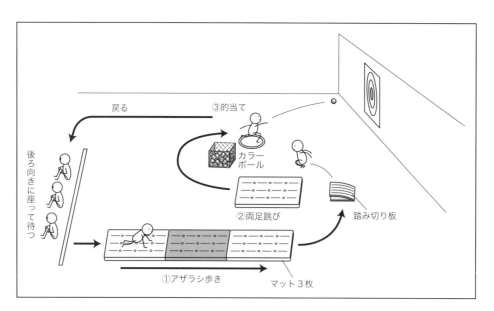

親子面接

本人、保護者への質問の後、親子で与えられたテーマについて話し合う。その後保護者が退室し、本人のみに質問がある。

本 人

・お名前、幼稚園（保育園）の名前を教えてください。

以下、保護者退室後に質問される。

・お父さん、お母さんの誕生日を教えてください。

・電車（バス）のマナーについてお話ししてください。

・静かにしないといけない場所はどこですか。

・縄跳びでできる技はありますか。

・小学校で頑張りたいことは何ですか。

・弟（妹）と何をして遊びますか。けんかはしますか。

※願書の記入内容に基づいて、好きなことや特技、頑張っていることなどの説明を求められたり、掘り下げた質問をされることもある。

父　親

・キリスト教主義における全人教育について、どのようにお考えですか。

・子どもを育てるうえで最も大切にしていることは何ですか。

・お父さまとお母さま、お子さんの３人で、楽しいこと（または大きいもの、赤いものなど）について、１分間お話しください。

※願書の記入内容について質問されることもある。

母　親

・本校は教育において４つの柱を大切にしていますが、そのうちの「Authentic（本物)」についてどうお考えですか（「Global（国際理解)」「Universal（全員参加・理解)」について質問されることもある）。

・子育ての中で感動したことをお話しください。

※願書の記入内容について質問されることもある。

面接資料／アンケート　　Ｗｅｂ出願時に以下の項目を入力する。

・志願者の様子（300字以内）。

・志願理由（300字以内）。

1

2

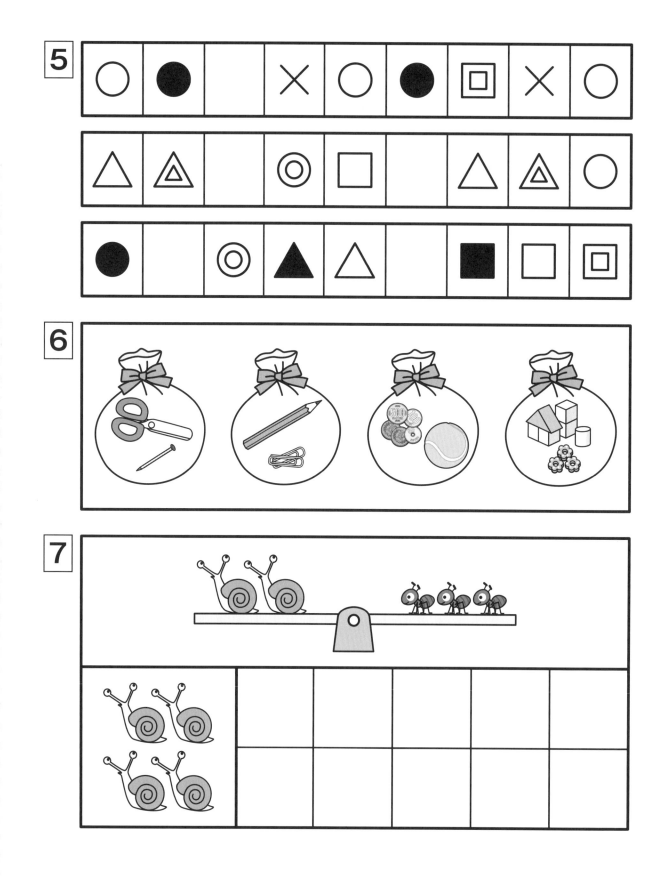

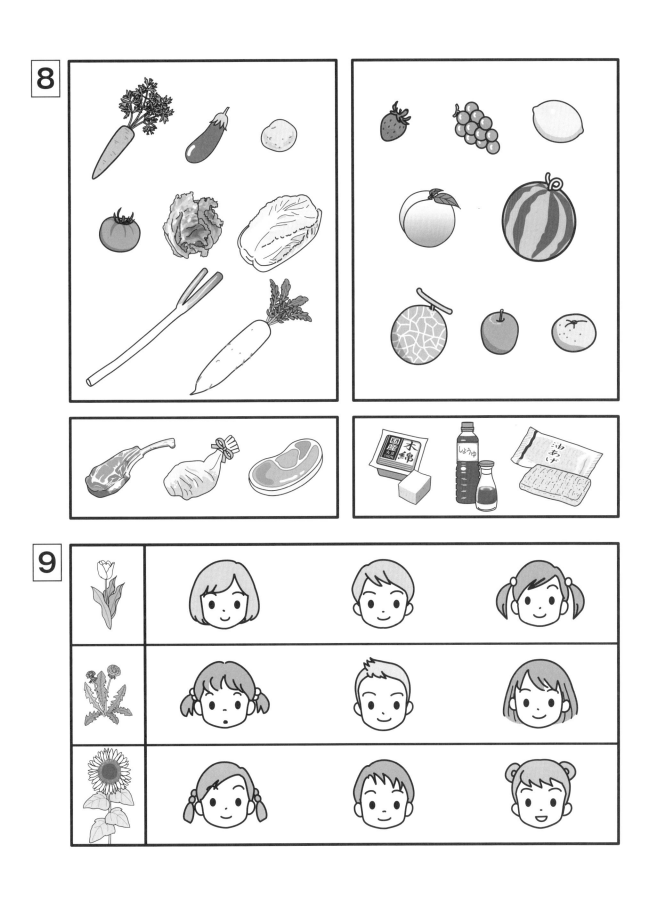

2022 関西学院初等部入試問題

解答は解答例009～010ページ

■ 選抜方法

9月入試…月齢順に受験番号が決まる。考査は1日で、男女別のグループ20～25人単位でペーパーテストを行う。所要時間は約1時間。考査日前の指定日時に親子面接がある。所要時間は10～15分。

10月入試…考査は1日で、親子面接と個別テストを行う。

■ ペーパーテスト

筆記用具は緑のクーピーペンを使用し、訂正方法は // （斜め2本線）。出題方法は音声。

1 数量（進み方）

・子どもたちが、グー、チョキ、パー、バツの絵が描かれたサイコロを使ってすごろく遊びをしています。グーが出ると1つ、チョキが出ると2つ、パーが出ると5つマス目を進むことができます。バツが出たら1つ戻ります。それぞれの左側に描いてある順に絵を出したとき、先ほどのお約束の通りにマス目を進むとどこに着きますか。最後に着いたマス目に○をかきましょう。

2 数量

・積み木が積んであります。見えている積み木は黒ですが、こちら側から見えない積み木は白です。裏側には、積み木はありません。黒と白の積み木はそれぞれいくつありますか。下の積み木の横に、それぞれの色の数だけ○をかきましょう。

3 常識

・ビー玉やジャガイモが描かれた絵の中から、水に浮くものに○をつけましょう。

4 常識

・上の段に花、真ん中の段に種、下の段に葉っぱの絵があります。それぞれの花の、種と葉っぱはどれですか。お手本のヒマワリと同じように、点と点を線で結びましょう。

5 常識（仲間探し）

・ウシと仲よしのものを選んで、○をつけましょう。

6 常識（生活）

・上の段は左から、熱が出たとき、包丁で指を切ったとき、スキーで転んで足の骨を折ったときの様子です。そのときどうしたらよいか、真ん中の段と下の段から1つずつ選んで、点と点を線で結びましょう。

7 常識

・四角の中に、鳥、花、虫、果物が描いてあります。本物を見たときに一番大きいものはどれですか。それぞれの四角から選んで、○をつけましょう。

8 点図形

・お手本のロケットと同じになるように、右側にかきましょう。

9 推理・思考（重ね図形）

・左側の2枚の絵は、透き通った紙に描かれています。このまま向きを変えずに重ねると、どのようになりますか。右から正しいものを選んで、○をつけましょう。

10 話の記憶

「こんとあき」（林明子作・絵　福音館書店刊）を聴く。

・バラの段です。あきが一番ほっとしたのは、お話の中のどんなときだと思いますか。合う絵に○をつけましょう。

3人の子どもたちが、左から順に話すことを聴いて、自分と同じ気持ちだと思った子どもの顔に○をつけましょう。
・チューリップの段です。こんが電車のドアにしっぽを挟まれてしまいました。そのときあなたはどう思いましたか。
「ゆみです。私はこんが電車のドアにしっぽを挟まれて、面白いと思いました」
「たろうです。僕はこんがしっぽを電車のドアに挟まれて、痛いだろうなと思いました」
「はなこです。私はこんはぬいぐるみだから、しっぽを挟まれても痛くないと思いました」
・コスモスの段です。こんは、イヌにくわえられて砂丘に連れさられ、砂の中に埋められてしまいました。そのときのこんは、どんな気持ちだったでしょうか。
「けんたです。こんはイヌにくわえられて、すごいスピードで砂丘を登れて楽しかったと思います」
「さちこです。イヌに突然くわえられたらびっくりするけど、こんはぬいぐるみだから何も感じなかったと思います」
「とおるです。こんはイヌにどこか知らないところに連れていかれて、寂しい気持ちになったと思います」
・ヒヤシンスの段です。砂丘の砂の中からこんを掘り出し、おぶって砂の山を下りているときのあきは、どんな気持ちだったと思いますか。
「ゆきです。早くこんをおばあちゃんのところに連れていかなければ大変だ、と思って走っていると思います」
「たけしです。知らない場所でこんがボロボロになり、どうしていいかわからなくて、今にも泣きだしそうな気持ちだと思います」
「ももこです。こんをおぶって走ると手が動かせない分、速く走れないと思っていると思います」
・ヒマワリの段です。こんはあきに何度も「だいじょうぶ」と言いました。どんな気持ちで言ったと思いますか。
「かおりです。こんは自分のことが心配なので、あきにだいじょうぶかと聞きました」

「あやこです。こんはあきが心配なので、だいじょうぶかと聞きました」
「たかしです。こんはあきを安心させたいので、だいじょうぶだと言いました」

■ 親 子 面 接 ■ 本人、保護者への質問の後、親子で話し合ったり、保護者が退室して本人のみで質問に答えたりする。

本 人

- ・受験番号、お名前、幼稚園（保育園）の名前を教えてください。
- ・幼稚園（保育園）で何をして遊んでいますか。一緒に遊ぶお友達のお名前を教えてください。
- ・好きな遊びは何ですか。好きなことや得意なことは何ですか。
- ・今、頑張っていることは何ですか。
- ・きょうだいとは何をして遊びますか。けんかはしますか。

※保護者退室後、子どものみ残り、家族や友人とのかかわりや興味があるもの、公共の場におけるマナーなどについて掘り下げた質問がある。

- ・お友達とけんかをしたとき、あなたはどうしますか。
- ・並んでいる列にお友達が割り込んだら、どういう気持ちになりますか。
- ・家族と一緒にすると、楽しいことは何ですか。
- ・家族からほめられたことは何ですか。
- ・お母さんの作る料理では、何が好きですか。
- ・生き物や植物を何か育てていますか。
- ・今日はどのようにしてここまで来ましたか。
- ・電車やバスの中で、やってはいけないことは何だと思いますか。
- ・将来、なりたいものは何ですか。
- ・小学校でやりたいこと、頑張りたいことは何ですか。

父 親

- ・父親の役割についてお聞かせください。
- ・最近、ご家族で心を動かされたことや驚いたことを教えてください。
- ・家庭での教育方針についてお聞かせください。
- ・本校は教育において4つの柱を大切にしています。その中の「Global（国際理解）」と「Authentic（本物）」についてどうお考えですか。
- ・本学院の大学生にスポーツを教えてもらえる機会について、どう思われますか。
- ・入学後を想定してお答えください。お子さんが学校から配られたタブレットを家でもずっと使用していたら、どのように対応しますか。
- ・お子さんがテストで想定より悪い点数を取ったらどうしますか。
- ・お子さんが学校でけんかをしました。学校では2人とも自分の非を認めましたが、帰宅してからお子さんは自分は悪くないと泣き、相手が悪いと主張しました。どうしますか。
- ・お父さまとお母さま、お子さんの3人で、動物（または野菜、丸いものなど）の名前を、1分間にできるだけたくさん言ってください。

母　親

- ご家庭で大切にしていることは何ですか。
- お子さんの成長で感動したことをお聞かせください。
- 子育てで難しいと感じるところと、それについてどのように対応しているかをお聞かせください。
- 本校は「Mastery for Service」をスクールモットーに、キリスト教主義を軸とした教育を行っています。その中で子どもたちが大切にしている聖句（「１人よりも２人がよい。ともに労苦すれば、その報いはよい。倒れれば、１人がその友を助け起こす。倒れても起こしてくれる友のない人は不幸だ」、「何事も利己心や虚栄心からするのではなく、へりくだって、互いに相手を自分よりも優れた者と考えなさい」など）があります。これらを聞いてどのように考えられるか、お聞かせください。
- 入学後を想定してお答えください。保護者会で、ある子どもがいつも周りのお友達に嫌なことをしてくると聞きました。Ａさんの保護者は「されるほうにも問題があるよね」と言い、Ｂさんの保護者は「するほうの心の問題が気になるね」と言っています。あなたはどう感じますか。このようなトラブルがあったとき、どう対処しますか。

面接資料／アンケート　　Ｗｅｂ出願時に以下の項目を入力する。

- 志願者の様子（300字以内）。
- 志願理由（300字以内）。

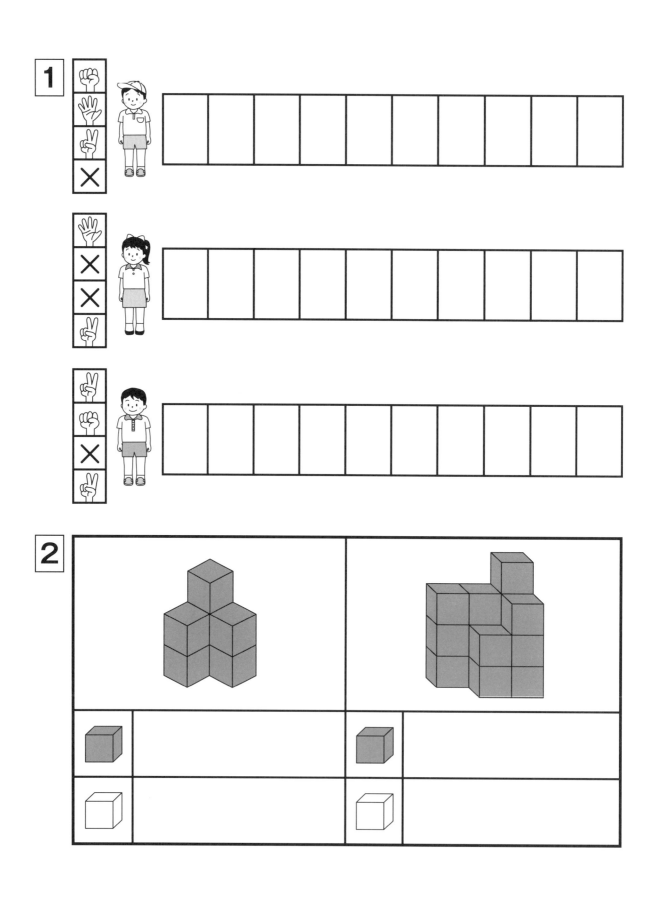

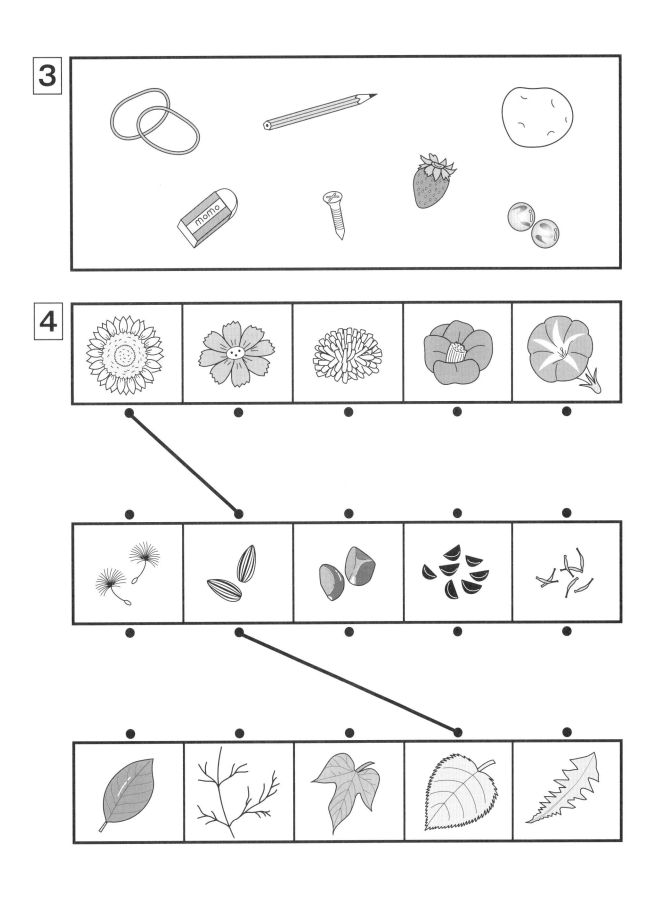

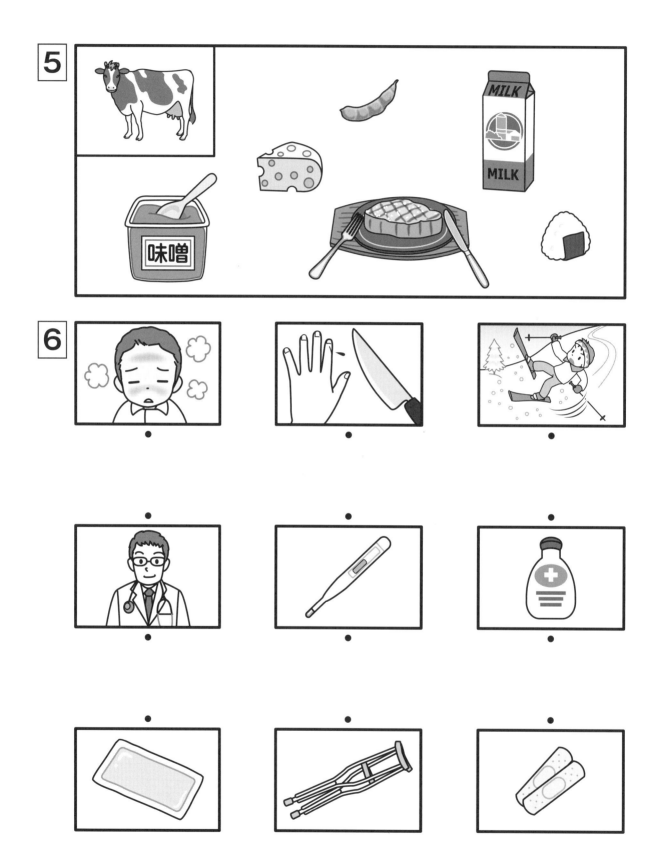

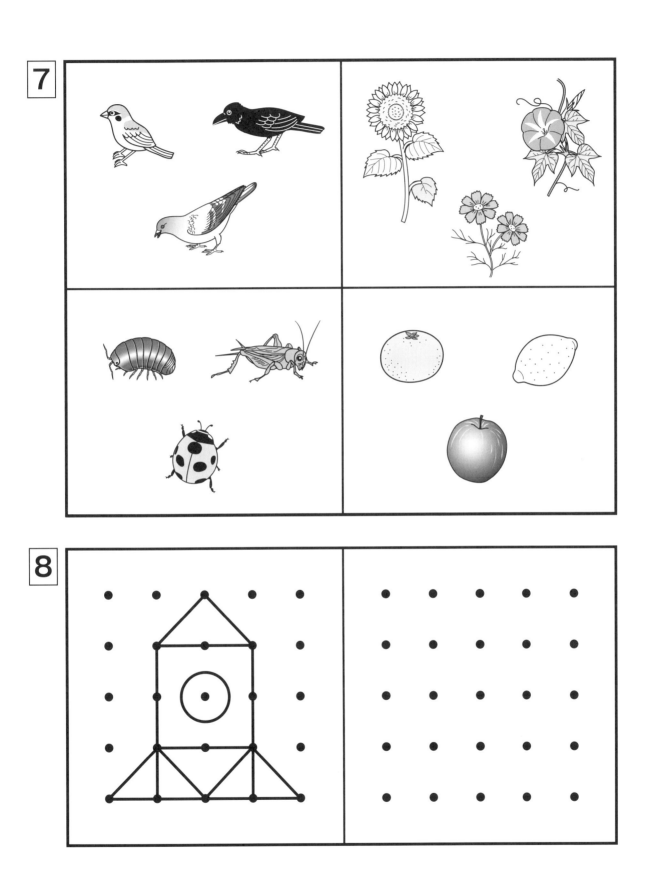

2021 関西学院初等部入試問題

解答は解答例010〜011ページ

■ 選抜方法

3回に分けて募集がある。考査は1日で、いずれの考査も月齢で決められた男女別の4つのグループに分け、時間が割り当てられる。親子面接終了後に個別テストを行う。

| 個別テスト | 親子面接終了後に保護者は退室し、子どものみ残って行う。テスターの質問にカード操作や指さし、口頭で答える。質問内容は各自異なる。 |

1 言語（しりとり）・常識

数種類の絵カードが用意されており、それぞれ指定された絵カードについて以下の質問がある。

・（9枚の絵カードが用意されている）夏の絵カードを選び、しりとりでできるだけ長くつながるように並べましょう。

・（6枚の絵カードが用意されている）赤ちゃんで産まれる生き物の絵カードを選び、しりとりでつながるように並べましょう。

・（8枚の絵カードが用意されている。ゾウの絵カードが左端に置いてある）「ゾウ」から始めて、できるだけ長くしりとりでつながるように並べましょう。

2 常 識

数種類の絵カードが用意されており、それぞれ指定された絵カードについて以下の質問がある。

・（8枚の絵カードが用意されている）磁石にくっついている様子で正しいものを、指でさして教えてください。

・（6枚の絵カードが用意されている）先生が言う野菜（果物）を切ったものはどれですか。指でさして教えてください。

・（3枚のお寿司の絵カードと、4枚の素材の絵カードが用意されている）それぞれのお寿司は何からできていますか。その絵カードをお寿司の横に置いてください。

・（果物や花と、種の絵カードが4枚ずつ用意されている）左側にあるものの種が描いてある絵カードを選び、それぞれの横に置いてください。

3 常識（仲間探し）

・（遊具や食べ物などが描いてある絵カードが6枚ずつ、数種類用意されている）この絵カードを仲よし同士になるように分けましょう。どうして仲よしなのですか。その理由をお話ししてください。ほかの分け方はありますか。この中で何が一番好きですか。

4 常識（道徳）

・（スーパーマーケット、駅、公園、学校などの様子が描いてある絵を見せられる。指定された絵について以下の質問がある）この中でいけないことをしている人を指でさして教えてください。なぜ、いけないのですか。その理由をお話ししてください。

5 推理・思考

・(観覧車の絵を見せられる)観覧車の絵ですね。星印がかいてあるゴンドラから、パンダ・ライオン・ゾウの順番をくり返して乗っていきます。このとき、クエスチョンマークのゴンドラに乗るのはどの動物ですか。左側に描いてある動物を指でさして教えてください。

6 観察力(間違い探し)

・(パン屋の絵を見せられる) パン屋さんの絵ですね。左側の絵がお手本です。お手本と違うところを右側の絵から探して、指でさして教えてください。

7 お話作り

・(窓ガラスが割れている家の絵を見せられる) お家の窓のガラスが割れていますね。この絵を見てお話を作り、聞かせてください。

8 常　識

・(8枚の働く車の絵カードを見せられる) いろいろな車が描いてありますね。この中でゴミ収集車はどれですか。指でさして教えてください。

親 子 面 接

本 人

・受験番号、お名前、幼稚園(保育園)の名前を教えてください。
・今日はここまでどのようにして来ましたか。来る途中に何を見ましたか。
・朝起きてから何をしましたか。順番に言ってください。
・今日の朝ごはんは何を食べましたか。
・幼稚園(保育園)で一番仲のよいお友達の名前と、そのお友達と何をして遊んでいるかを教えてください。そのお友達のお家とあなたのお家は近いですか。
・お手伝いは何をしますか。どんなお手伝いをしているかをジェスチャーで表現してください。
・好きな食べ物は何ですか。
・お母さんの作るお料理で好きなものを教えてください。
・お父さんとは何をして遊びますか。
・大きくなったら何になりたいか、お父さんにお話ししたことはありますか。
・小学校で何を頑張りたいですか。
・(母親から公共の場でのマナーについて教えられた後)今、お母さんから何と教えてもらいましたか。お話ししてください。
※願書の記入内容に基づく好きなことや特技、頑張っていることなど、掘り下げた質問がある。

父 親

・本校を志望した理由をお話しください。

・キリスト教について、また学校の方針についてはどのようにお考えですか。
・本校は国際教育に力を入れていますが、その点はどのように思われますか。
・Mastery for Serviceについてお聞かせください。
・子育てで気をつけていることは何ですか。
・子育てで感動したことは何ですか。
・小学校に入学して、お子さんが「学校に行きたくない」と言ったらどうしますか。
・「お子さんの忘れ物が多い」と担任より連絡があったらどのように対処されますか。
・お休みの日にはお子さんとどのように過ごしていますか。
・子どもにとって父親はどのような存在だと思いますか。それをどのように実現していますか。
・好きな遊び（または宝物、将来の夢など）について、お父さまとお母さま、お子さんの３人で普段通りにお話ししてください。

母 親

・学校案内の国際理解のページを見て、本校の英語教育について印象に残っていること、思っていることをお聞かせください。
・キリスト教教育について、どのようにお考えですか。
・お子さんのよいところを、お母さまからお子さんに教えてあげてください。
・ある保護者の方がほかの保護者の方のことを悪く言っているのを聞いたとき、あなたはどうしますか。
・ある保護者の方がお子さんと同じクラスのほかのお子さんについて悪く言っているのを聞いたとき、あなたはどうしますか。
・本校に入学後、もし、学校からお子さんについて「態度が悪い」と注意された場合、どうしますか。
・お子さんがいじめられて学校から帰ってきたら、どのように対処しますか。
・ご主人のよいところで、お子さんに受け継いでほしいと思うのはどのようなところですか。
・母親にとって子どもはどのような存在ですか。具体的なエピソードを交えてお話しください。
・育児で気をつけている点、気をつけている言葉、食事面で気をつけていることはどのようなことですか。
・ご家庭内のルールを教えてください。
・電車に乗るときのマナー、図書館でのマナーなど公共の場で気をつけることを、お子さんに教えてあげてください。

面接資料／アンケート 願書に以下の記入項目がある。

・志願者の様子について。
・初等部志願の理由。

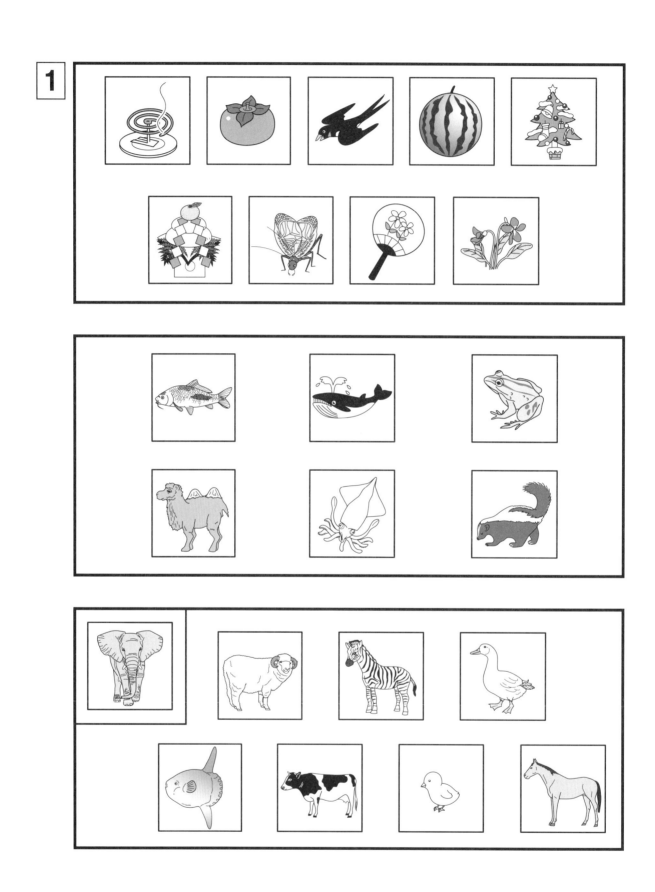

1

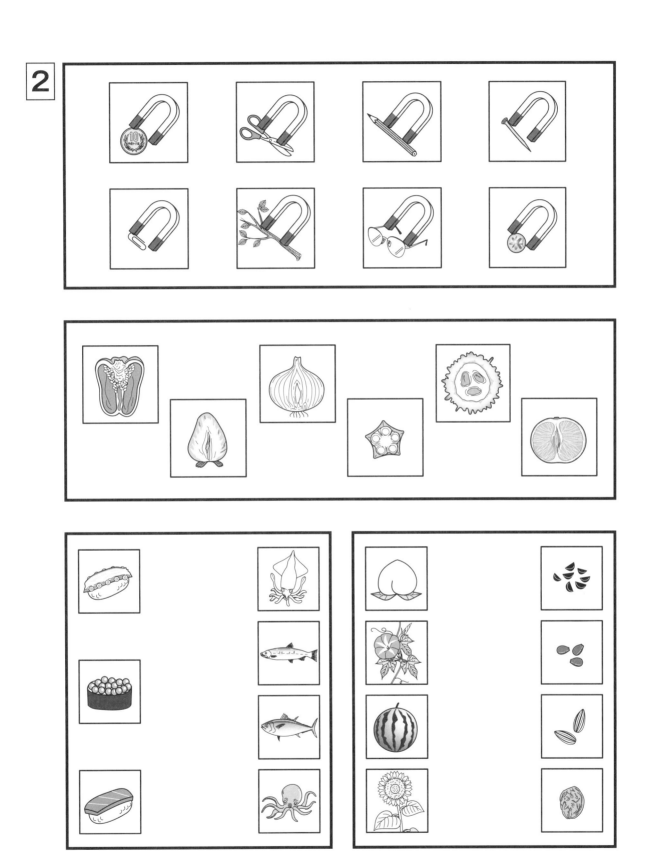

3

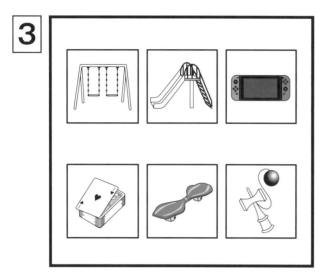

4

5

6

7

8

解答は解答例011〜012ページ

■ 選抜方法

　A入試…月齢順に受験番号が決まる。考査は1日で、男女別のグループ約30人単位でペーパーテスト、集団テスト、運動テストを行う。所要時間は昼食を含め約5時間。考査日前の指定日時に親子面接がある。所要時間は10〜15分。

　B入試…考査は1日で、男子は午前、女子は午後に5人単位のグループで集団テスト、個別テストを行う。所要時間は約3時間。子どもの考査中に保護者面接がある（ただしA入試受験者には保護者面接を行わない）。

A入試

┃ ペーパーテスト ┃ 筆記用具は青のクーピーペンを使用し、訂正方法は // （斜め2本線）。出題方法は音声。

1 巧緻性

・点線をなぞって、点と点を線でつなぎましょう。

2 話の理解・巧緻性

・できるだけ大きな四角をかいて、その中にできるだけ大きな丸をかきましょう。

3 話の記憶

　「カーくんと森のなかまたち」（吉沢誠作　夢ら丘実果絵　ワイズ・アウル刊）を聴く。

　「森にすむホシガラスのカー君は、最近元気がないようです。『どうしたんだい？』と、シロフクロウのホー先生が声をかけました。『僕はみんなのように立派な美しい羽がないし、かっこよく飛べないし、上手に魚を捕ることもできない。きれいな声で鳴くこともできない。僕は僕でいることがつまらなくなってしまったんです』。『ほう、そうだったのか』。『僕なんて、いなくてもいいんだって。誰もいないところに消えてしまいたいな……』。今まで考えていたことを全部ホー先生に話したせいかカー君はなんだかすっかりほっとして、眠くなってしまいました。夢の中で、カー君は不思議なところに来ています。生きているものがいない森です。『おーい、誰かいませんか？』声をかけても誰も出てきません。草も葉も枯れていて、風も吹いてきません。心細くなって、カー君はとうとう泣き出してしまいました。仲間を探して駆け回ったカー君が疲れ果てていると、森の片隅の木の根元がかすかに光り、『カー君、こっちだよ』と懐かしい声が聞こえてきました。そこをのぞき込むと、カー君は吸い込まれるように光の中に入っていき、そこで目が覚めました。目を覚ましたカー君の周りには、ホー先生と仲間たちがいました。『カー君があまりにも深く眠っているので、心配になってきたんだよ』。『目が覚めてよかった』。みんなが安心したように言いました。それから、『カー君の羽の模様は星のよう。とてもきれいよ』。『カー君は木の実を割って、種をいろいろなところに運んでくれるよね。その種が芽生えて、森に木が育つんだよ』とも言ってくれました。『そうなの？』カー君は自分の羽がきれいな

ことや、いつもしていることがみんなのためになっていることを知ってびっくりしました。そしてカー君は、さっき夢で見た森がどんなに寂しかったかを思い出しました。カー君は、この森にたくさんのお友達がいて、自分の羽の模様が星空のようにきれいで、知らない間に森に新しい命を与えていたことに初めて気づいたのです。『みんながいてよかった、僕も僕でよかった』。カー君はみんなの鳴き声を聞きながら、自分の巣にゆったりと飛んで帰っていきました」

- ウサギの印のところです。森のお友達と比べてカー君は自分のことをどう思っているか、カー君の気持ちが表れている様子の絵に〇をつけましょう。
- パンダの印のところです。シロフクロウのホー先生に話した後のカー君は、どんな気持ちになりましたか。その様子に合う絵に〇をつけましょう。
- ライオンの印のところです。夢で見た森の中で、カー君はどんな気持ちになりましたか。その様子に合う絵に〇をつけましょう。
- ネコの印のところです。夢から目が覚めたとき森のお友達がカー君のことを心配して集まっていましたね。お友達の話を聞いてカー君はどんな気持ちになりましたか。その様子の絵に〇をつけましょう。

4 数量（対応）

- 真ん中の四角にある果物を左のお手本のように1枚のお皿にのせていくと、どの果物が余りますか。余る果物を右の四角から選んで〇をつけましょう。

5 常 識

- タケを使って作られているものに〇をつけましょう。

6 常 識

- 上の段の生き物の卵を真ん中の段から、すんでいるところを下の段からそれぞれ選び、上から下まで点と点を線で結びましょう。

7 常識（交通道徳）

- 電車の中や駅のホームの絵を見て、よくないことをしている人に〇をつけましょう。

8 常識（季節）

- それぞれの段から、1年のうち最後にある季節や行事に〇をつけましょう。

9 構 成

- 左のお手本のように、上のパズルと組み合わせると真四角になるパズルを、下から選んで点と点を線で結びましょう。

10 推理・思考（対称図形）

- 左端の折り紙の黒いところをはさみで切って広げると、どのような形になりますか。正しいものを右から選んで〇をつけましょう。

集団テスト

▣ 行動観察（ボウリング遊び）

6、7人ずつのチームに分かれて行う。ボウリングのピンにするものとして紙コップ、空き缶、ペットボトル、乳酸菌飲料の容器、転がすボールとしてラグビーボール、ドッジボール、テニスボールなど形や大きさ、材質の異なる7種類のボール、障害物として置く風船やビーチボール、水の入った三角の入れ物などが用意されている。チームごとに、どのようにピンや障害物を配置するか、どのボールを使って誰が転がすかなどを相談し、決まったらそのように準備する。準備ができたら、チーム対抗でボウリングをする。得点の多いチームの勝ち。

〈約束〉

・ピンを1本倒すと1得点となる。

・ボールは投げずに転がす。

・ボールが跳ね返って戻ってきても、拾わない。

・黄色いテープの枠の中からボールを転がす。

・1回戦が終わったら、全員で倒れたピンを立て直す。

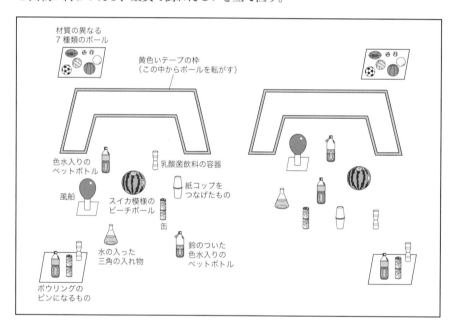

▣ 自由遊び

折り紙、積み木、薄い板状の木製ブロックなど、用意されているもので自由に遊ぶ。

運動テスト

男女に分かれて行う。男子が先に運動を行い、その間、別室で女子は関西学院についてのDVD（お話や学校についての紹介）を見て待つ。男子の終了後、女子と交代する。

▣ 連続運動

お手本の映像を見てやり方を覚え、同じように行う。順番を待っているときは、壁に貼ってあるキリンの絵を見て体操座りをするというお約束がある。

・呼ばれたら印の上に立つ→丸い線を踏まないように両足跳びで進む→クマ歩きで、黄色マット、青マット2枚、黄色マットの上を進む→赤、黄色、青のマットの上で、「やめ」と言われるまで反復横跳びを行う（マットの左右にかかれた丸印にタッチしながらサイドステップ）→2mほど先の的に向かって、「やめ」と言われるまでカラーボールを投げる（ボールは拾わなくてよい）。

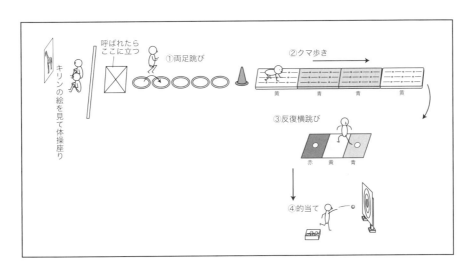

親 子 面 接

本 人

・受験番号、お名前、幼稚園（保育園）の名前を教えてください。
・幼稚園（保育園）ではどのような遊びをしますか。
・朝起きてから何をしたか、順番に言ってください。
・幼稚園（保育園）で一番仲のよいお友達の名前と、そのお友達と何をして遊んでいるかを教えてください。
・大きくなったら何になりたいか、お父さんにお話ししたことはありますか。
・小学校で何を頑張りたいですか。
※願書の記入内容に基づく好きなことや特技、頑張っていること、将来の夢などについて質問されることもある。

父 親

・志望動機について、願書に書いてあること以外に何かつけ足すことはありますか。
・関西学院初等部の印象をお聞かせください。
・子どもにとって父親はどのような存在だとお考えですか。それをどのように実現していますか。
・休みの日にはどのようにお子さんと過ごしますか。
・お子さんの長所、短所をお聞かせください。

・関西学院初等部の印象をお聞かせください。

・母親にとって子どもはどのような存在ですか。具体的なエピソードをお聞かせください。

・育児で気をつけている点、気をつけている言葉、食事面で気をつけていることは何ですか。

B入試

集団テスト

共同制作（お家作り）

5人ずつのグループに分かれて行う。骨組みだけのテント、カラービニール袋、モール、束ねられた結束ひも、発泡スチロール皿、洗濯ばさみ、セロハンテープなどが用意されている。

・用意されているものでお家を作りましょう。

行動観察（ボウリング遊び）

5人ずつのチームに分かれて行う。ボウリングのピンにする紙コップ、空き缶、ペットボトル、乳酸菌飲料の容器、ボウリングで転がすボールとしてラグビーボール、ドッジボール、テニスボールなど形や大きさ、材質の異なる5種類のボールが用意されている。チームごとに、どのようにピンを配置するか、どのボールを使って誰が転がすかなどを相談し、決まったらそのように準備する。準備ができたら、チーム対抗でボウリングをする。得点の多いチームの勝ち。

〈約束〉

・乳酸菌飲料の空き容器のピンを1本倒すと1得点となる。ほかのピンを倒しても得点にはならない。

・ボールは投げずに転がす。

・ボールが跳ね返って戻ってきても、拾わない。

・黄色いテープの枠の中からボールを転がす。

・1回戦が終わったら、全員で倒れたピンを立て直す。

自由遊び

体育館にトランポリン、マット9枚、平均台、ドッジボール、サッカーゴール、バスケットゴール、ビニール製でおきあがりこぼしのモンスター人形が用意されている。好きな場所で自由に遊ぶ。

〈約束〉

・鳴っている音楽が止まったら、遊ぶのをやめて中央にある丸の中に集まる。

・ボールで遊ぶときは決められた場所で遊び、体育館中央のラインから出ないようにする。

・ボールで遊ぶときは、ボールをけってはいけない。

2020

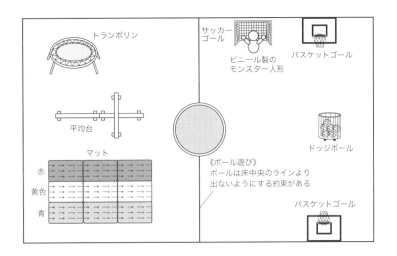

個別テスト | 5人ずつのグループに分かれて行う。

言語

テスターの前に扇状に並んだいすに座り、1人ずつ自己紹介をする。その後、「好きな遊びは何ですか」「お手伝いは何をしていますか」など、いくつかの質問に答える。

言語・想像力

「はじめてのおつかい」（筒井頼子作　林明子絵　福音館書店刊）を聴きながら、お話の中の牛乳を買う場面を何枚か映像で見た後に、それぞれの場面でどんな気持ちだったかなどの質問に答える。

常識（仲間探し）・言語

・鳥や動物の写真が数枚用意されている。写真を仲間に分けてカゴに入れ、どんな仲間で分けたかテスターに説明する。
・写真の中から好きなものを1枚選び、好きな理由を言う。

構成

三角や四角のカードが10枚以上用意されている。カードを使って四角を作り、できたら手を挙げてテスターに知らせ、また別の四角を作る。

1

2

3

4

2020

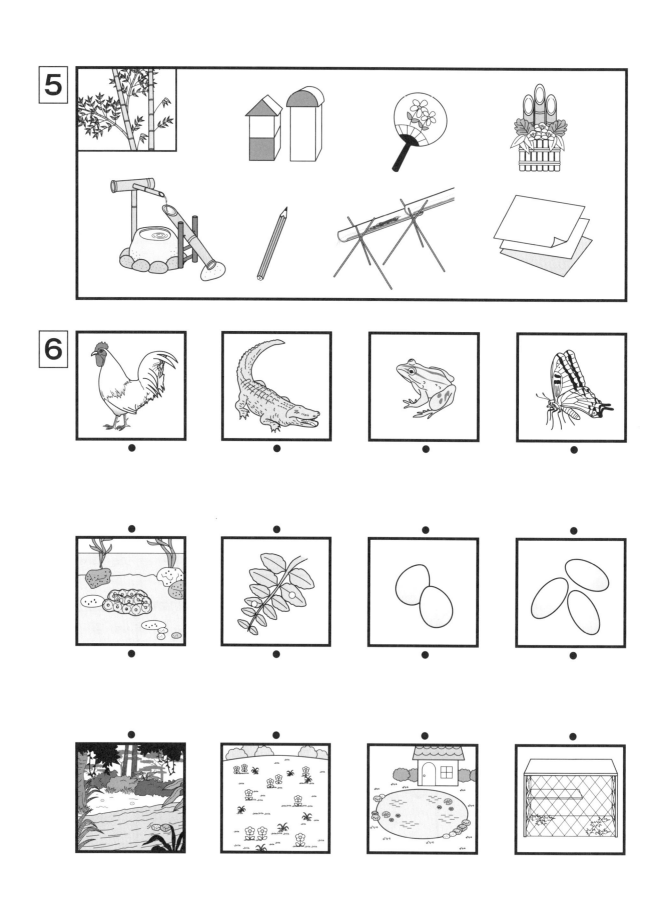

7

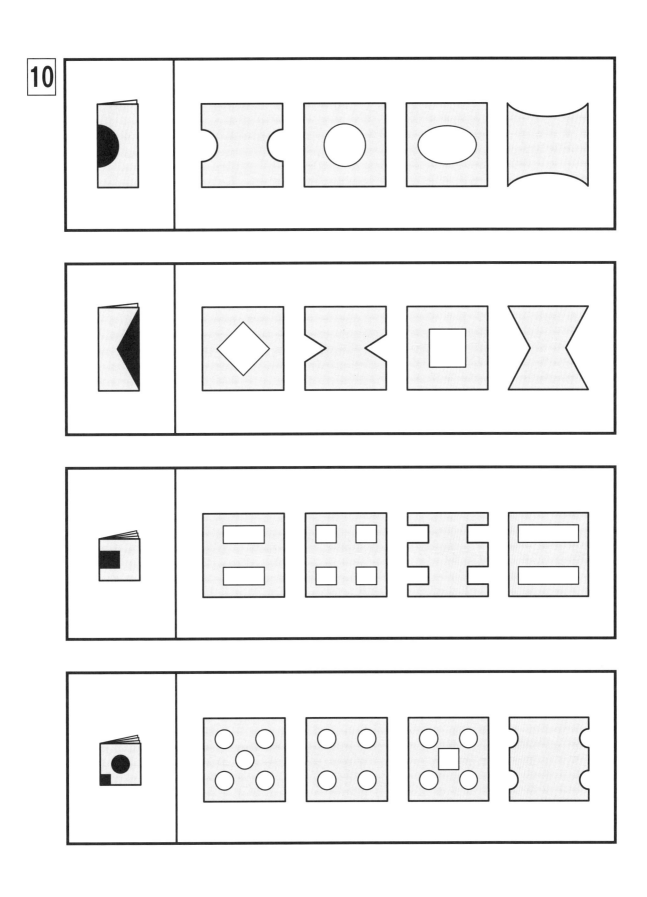

■ 選抜方法

考査は1日で、ペーパーテスト、集団テスト、運動テストを行う。所要時間は昼食を含め約5時間。考査日前の指定日時に親子面接がある。

■ ペーパーテスト

筆記用具は青のクーピーペンを使用し、訂正方法は//（斜め2本線）。出題方法は音声。

1 巧緻性

・絵の線の上をなぞりましょう。

2 常識

・それぞれの生き物の子どものころと、大きくなったときの姿を線で結びましょう。線はほかの絵にぶつからないようにかきましょう。

3 常識

・セミはどれですか。○をつけましょう。

4 常識（生活）

・上の人のお仕事と関係のあるものを真ん中の段と下の段から1つずつ選んで、点と点を線で結びましょう。

5 推理・思考（折り図形）

・左の折り紙を広げると、どんな折線がついていますか。合う絵を右から選んで○をつけましょう。

6 数量（対応）

・左端の絵のように子どもが縄跳びをします。真ん中の四角の中の数だけ子どもがいるとき、いくつ縄があるとみんなで遊べますか。右の絵に○をつけましょう。

7 話の記憶

「お母さんが、入院していた町の病院から帰ってきます。たけし君は待ちきれなくて駅に迎えに行くことにし、途中で会ったお友達に『お母さんが大きなお土産を持って帰ってくるんだ！』と自慢しました。たけし君は駅のベンチでお母さんを待ちますが、なかなか帰ってきません。『どうしよう。お母さんが帰ってこない。大きなお土産を持って帰ってくるって、さっきお友達に自慢しちゃったけれど、うそをついてしまったかな』とだんだん心細くなってきます。そこへ『お母さんは電車では帰ってこないよ。お迎えに行ったお姉ちゃんと一緒にタクシーで帰ってくるよ』と、おばあちゃんがたけし君を迎えに来たので、一緒にお家に帰りました。『本当にお母さんはお姉ちゃんと一緒に帰ってくるのか

なあ』。たけし君が心配しながら待っていると、お家の前にタクシーが着いて、お母さんとお姉ちゃんが降りてきました。そして、たけし君が楽しみに待っていた大きなお土産……。それは、赤ちゃんでした」

- ウサギの段です。病院からお母さんとお姉ちゃんが帰ってくるのをお家で待っている間、たけし君はどんな気持ちだったと思いますか。○をつけましょう。
- パンダの段です。駅でお母さんを待っていたのは誰でしたか。○をつけましょう。
- ライオンの段です。たけし君がお友達に会ったときはどんな様子だったと思いますか。○をつけましょう。
- ネコの段です。お母さんは何に乗って帰ってきましたか。○をつけましょう。
- ペンギンの段です。お母さんが持って帰ったお土産は何でしたか。○をつけましょう。

8 話の理解

※カラーで出題。絵の中の指示通りに屋根の色を塗ってから行ってください。
- 赤い屋根で煙突がなく、川の近くにある2階建てのお家に○をつけましょう。

9 常識（交通道徳）

- 駅の様子を見て、よくないことをしている人に○をつけましょう。

集団テスト

自由遊び

用意されている折り紙、積み木、カプラで自由に遊ぶ。

行動観察（タワー作り）

3〜5人のグループで行う。用意されているカプラ、スポンジ、お手玉を必ず全種類使って、みんなで高く積み上げる。

運動テスト

男女に分かれて行う。男子が先に運動を行い、その間、別室で女子は関西学院についてのDVD（お話や学校についての紹介）を見て待つ。男子の終了後、女子と交代する。

連続運動

動画でやり方を見てから行う。
- 反復横跳び（青、黄色、赤のマットの上を、左右にかかれた黄色の丸印にタッチしながらサイドステップをする。「やめ」と言われるまで行う）→ボール投げ（2mほど先の的に向かって「やめ」と言われるまでカラーボールを投げる。ボールは拾わなくてよい）→クマ歩き（黄色マット、赤マット3枚、そしてゴールの黄色マットまでクマ歩きで進む）。

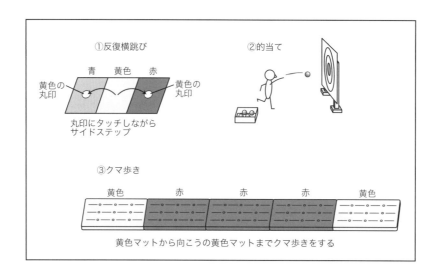

①反復横跳び

青　黄色　赤

黄色の丸印　黄色の丸印

丸印にタッチしながらサイドステップ

②的当て

③クマ歩き

黄色　赤　赤　赤　黄色

黄色マットから向こうの黄色マットまでクマ歩きをする

親 子 面 接

本 人

・受験番号、お名前、幼稚園（保育園）の名前を教えてください。
・幼稚園（保育園）ではどんな遊びをしますか。
・一緒に遊んでいたお友達が泣いてしまったらどうしますか。
・嫌いな食べ物と、お母さんの作るお料理で好きなものを教えてください。
・きょうだいの名前、年、誕生日を教えてください。
・得意なこと（頑張っていること）はありますか。
・将来の夢は何ですか。
・小学校に入ったら何がしたいですか。

父 親

・お子さんの長所、短所、成長を感じるところをお聞かせください。
・志望理由をお聞かせください。
・本校に望むものは何ですか。
・本校の魅力は何だとお考えですか。
・お子さんには初等部に入って何を頑張ってもらいたいですか。
・ご家族ではお子さんとどのようにかかわっていますか。

母 親

・お子さんの幼稚園（保育園）での様子をお聞かせください。
・育児で気をつけている点、気をつけている言葉、食事面で気をつけていることは何ですか。
・お子さんとご主人はどのようなところが似ていますか。

1

2

3

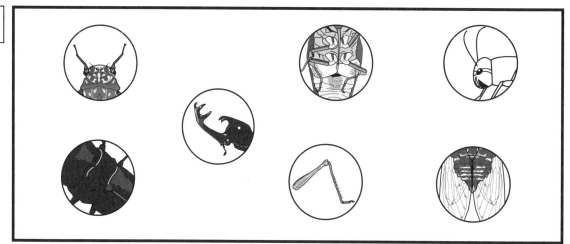

4

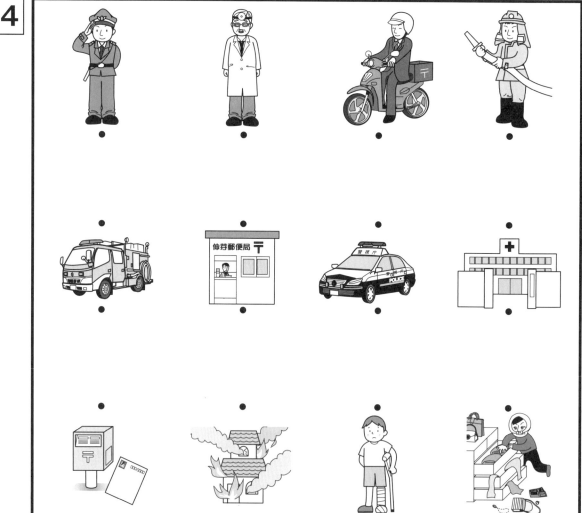

5

6

8

9

2023 同志社小学校入試問題

解答は解答例014ページ

■ 選抜方法

考査は1日で男女混合で行われる。月齢別で決められた約15人単位のグループに分かれ、ペーパーテスト、集団テスト、運動テストを行う。所要時間は約2時間30分。考査日前の指定日時に親子面接がある。

┃ ペーパーテスト ┃ 筆記用具は鉛筆を使用し、訂正方法は消しゴムまたは✕(バツ印)。出題方法は口頭。

1 話の記憶

「さっちゃんはチューリップ幼稚園に通っています。今日はお父さん、お母さんと一緒に、おばあちゃんのお家へ行きます。さっちゃんがお気に入りのリュックサックに図鑑と折り紙、クレヨンを入れて玄関を出ると、セミの鳴き声がにぎやかに聞こえてきました。お父さんが運転する車に揺られていると、いい気持ちになっていつの間にか眠ってしまいました。しばらくして目を覚ますと、車の窓の外には海が広がっているのが見えました。『もうすぐおばあちゃんのお家よ』とお母さんが言いました。車は郵便局の角を左に曲がって真っすぐ進み、トンネルを抜けておばあちゃんのお家に着きました」

- 1段目です。さっちゃんが通っている幼稚園の名前は何ですか。同じ名前のものを選び、○をつけましょう。
- 2段目です。おばあちゃんのお家へ行くとき、さっちゃんが持っていったリュックサックに入っていなかったものに○をつけましょう。
- 3段目です。さっちゃんが車の中で目を覚ましたとき、見えたものに○をつけましょう。
- 4段目です。車がおばあちゃんのお家に着く前に、曲がった角には何がありましたか。その絵に○をつけましょう。
- 一番下の段です。さっちゃんがお家を出たとき、何の鳴き声が聞こえましたか。その生き物に○をつけましょう。

2 常識（仲間分け）

- 仲よしでないものを1つ選んで○をつけましょう。

3 観察力（欠所補完）

- 上です。左側のジグソーパズルで黒いところに入る形を右から選び、○をつけましょう。
- 下です。左側の太陽の絵で、黒いところにそのままの向きで入るものを右から選び、○をつけましょう。

4 言語（しりとり）

- 左上の「イカ」から右下の「クジラ」まで、できるだけ長くしりとりでつながるように線を引きましょう。

5 推理・思考（重さ比べ）

・シーソーで重さ比べをしています。一番重いものを、すぐ下の四角の中から選んで○をつけましょう。下の段もやりましょう。

6 推理・思考（四方図）

・上の積み木を矢印の方向から見ると、どのように見えますか。正しいものを下から選んで○をつけましょう。

7 推理・思考（比較）

・子どもたちが同じ速さで線に沿って進み、のり巻きを食べます。一番早くのり巻きを食べ始めることができる子どもに○をつけましょう。

8 常　識

・上に描いてある生き物のしっぽを下から選んで、点と点を線で結びましょう。

9 常識（生活）

・上に描いてある人がお仕事で使うものを下から選んで、点と点を線で結びましょう。

10 言　語

・上の段を見てください。「ボタン」が星の箱を通ると、「田んぼ」になって出てきました。では、次の段を見てください。「時計」が星の箱を通ると、何になって出てきますか。すぐ下の絵から選んで○をつけましょう。

11 推理・思考（条件迷路）

・女の子が今いるところからスタートして、右下のお家まで帰ります。上に描いてある数だけドングリを拾うことができる道を探して、線を引きましょう。ただし、一度通った道は通れません。

集団テスト

４、５人ずつのグループに分かれて行う。

行動観察（タワー作り）

色画用紙、大小の上質紙、折り紙、長方形の白いシール、はさみなどが用意されている。

・お友達と相談し、ここにある材料を使ってできるだけ高くなるように工夫してタワーを作りましょう。

〈用意されているものの例〉

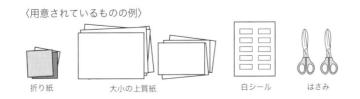

折り紙　　　大小の上質紙　　　白シール　　はさみ

集団ゲーム（卵運び競争）

グループ対抗で行う。部屋の中央に卵に見立てたカプセルトイの空きカプセルがたくさん入った箱（ニワトリの絵が描かれている）が置かれ、グループごとに人数分のおたま、運んできた卵を入れるカゴが用意されている。

- これから、同志社牧場に卵を取りに行きます。グループごとに、1人ずつ順番にスタート地点のカゴからおたまを取ってニワトリの箱まで行き、おたまで卵をすくって戻り、グループのカゴに入れましょう。卵は一度に1つでも2つでも、運べるだけ運んでよいですが、手で触ってはいけません。途中、卵を落としたときは拾わないでそのままにして戻ってきましょう。前の人が戻ってきたら次の人がスタートします。ゼッケン番号の順番に、できるだけたくさんの卵を運んでください。「やめ」と言われたとき、卵の数が多いチームの勝ちです。
- 今度は、先ほど取ってきた卵を牧場のニワトリの箱に返します。グループごとにおたまを持って一列に並んでください。カゴの中の卵を、手を使わずにおたまからおたまへリレーしてニワトリの箱へ戻しましょう。

集団ゲーム（動物の声当てゲーム）

ホワイトボードに、ウシやウマがいる牧場の絵が貼ってある。スピーカーから動物の鳴き声が流れたら、どの動物の鳴き声か考えて答える。

運動テスト

連続運動

テスターが最初にお手本を見せてくれるので、同じように1人ずつ行う。ほかのお友達が行っている間は、その様子を見ないよう後ろ向きで座って待つ。

- 縦置き、横置き4段の跳び箱を順番に馬跳びする→子どもの肩幅ほどの間隔で左右に並んだ5段の跳び箱の上に両手をついて、間に置かれた低い跳び箱を脚を閉じたまま跳び越す→カゴからドッジボールを取り、トランポリンに向かって投げる。跳ね返ったボールをキャッチし、ネットの中に入れる→鉄棒で前回りをする→鉄棒で足抜き回り（肩幅の位置で鉄棒を握り、手と手の間に曲げた両脚をくぐらせながら回転して着地）をする→ゴールしたら、フープの中で座って待つ。

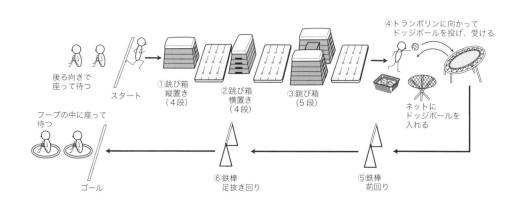

・コーンまで全力で走る→サッカーゴールに向かってボールをける→フープをケンパーで進み、パーの
ときはフープをまたいで手をたたく→ラダーをグーパーで進み、パーのときはラダーをまたぐ→ミニ
ハードルを走って跳び越しながらゴールまで進む。

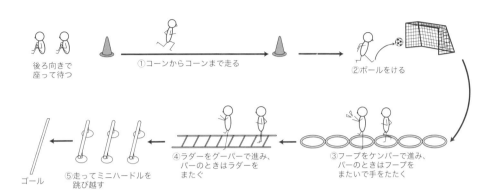

持久力

できるだけ長く鉄棒にぶら下がる。足が床についたらぶら下がるのをやめて、体操座りで待つ。

親 子 面 接

父親と母親に同じ質問をされることもある。

本 人

（答えに対して掘り下げた質問をされることが多い）

・お名前を教えてください。
・幼稚園（保育園）の名前を教えてください。
・幼稚園（保育園）では何をして遊んでいますか。
・幼稚園（保育園）で仲よしのお友達の名前を教えてください。
・お父さん、お母さんにはどのようなときにほめられますか。
・お父さん、お母さんのどのようなところが好きですか。
・好きな絵本は何ですか。それはどのようなお話ですか。
・あなたの宝物は何ですか。
・（笑顔や泣き顔などの絵を見せられて）どのような気持ちだと思いますか。どうしてこのような顔に
なったのでしょうか。
・もし魔法を使えるとしたら、どんな魔法を使いたいですか。
・あなたが頑張っていることは何ですか。
・小学校に入学したら何をしたいですか。

父 親

・本校の印象を教えてください。
・お子さんの将来の夢は何ですか。
・お子さんが成長したと感じるのは、どのようなところですか。

・子育てで大切にしていることは何ですか。

母　親

・本校に期待することは、どのようなことですか。
・お子さんが頑張っていることは何ですか。
・どのようなときにお子さんをほめますか。

面接資料／アンケート　　Ｗｅｂ出願時に以下の項目を入力する。

・本校志望の理由（450字以内）。
・志願者について（300字以内）。
・特記事項（面接日程など、要調整の場合）。

1

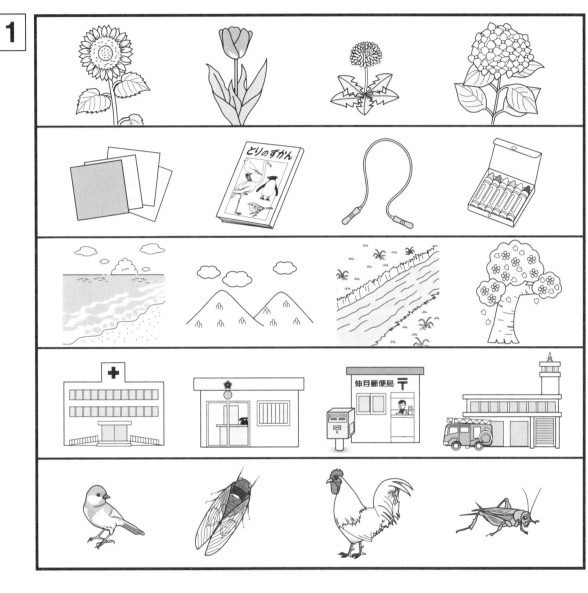

2

3

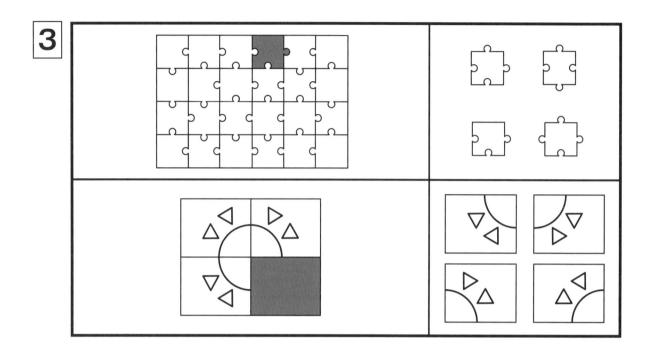

4

5

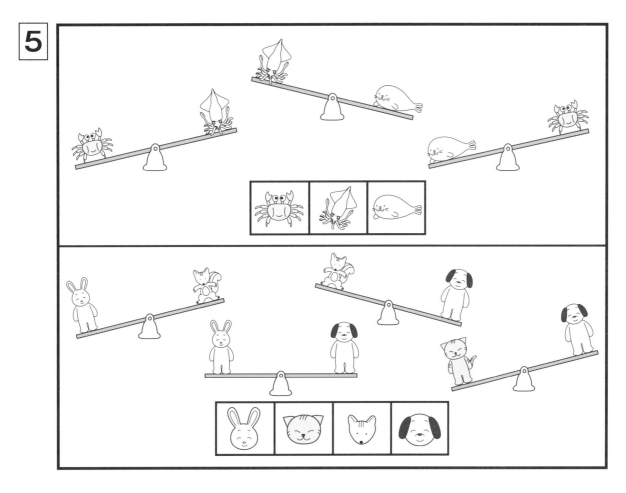

6

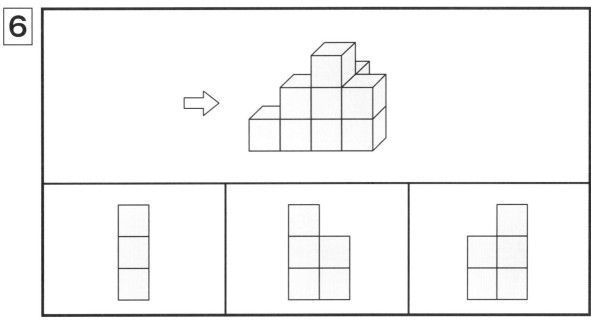

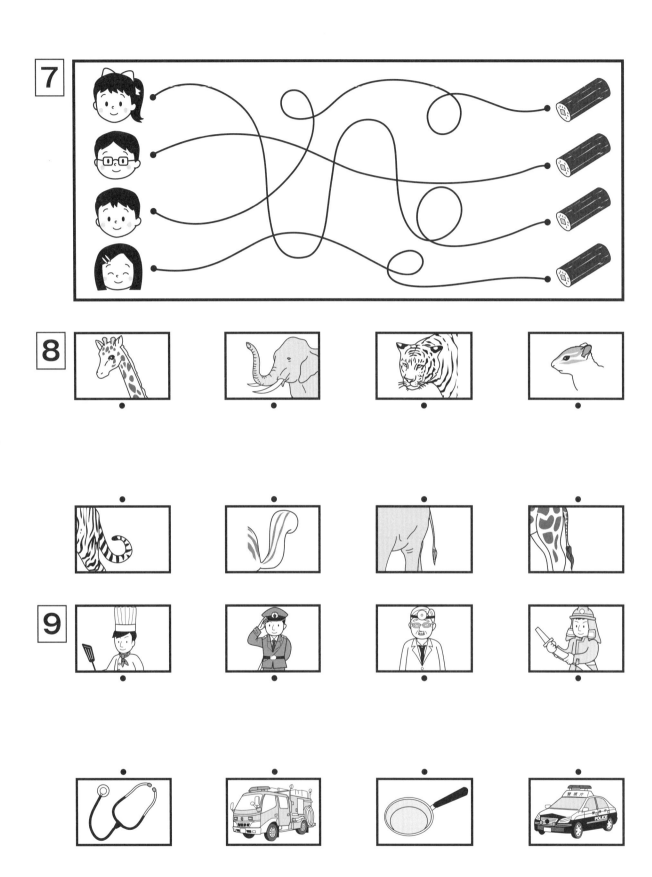

10

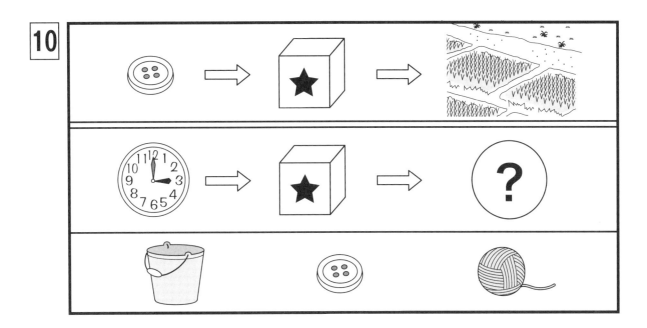

11

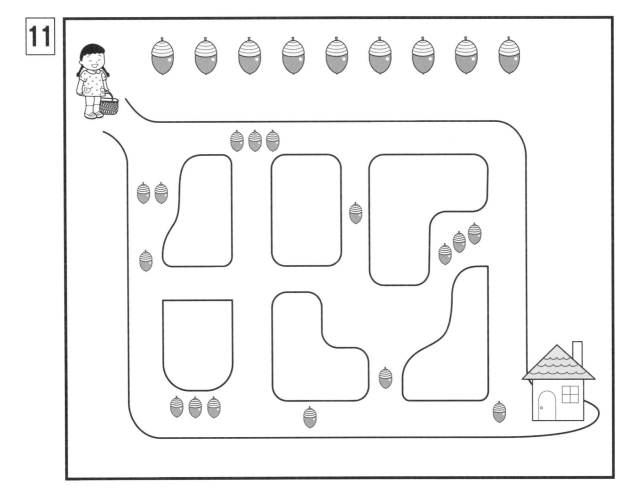

2022 同志社小学校入試問題

解答は解答例015ページ

■ 選抜方法

考査は1日で男女別に行われる。月齢別で決められた約15人単位のグループに分かれ、ペーパーテスト、個別テスト、集団テスト、運動テストを行う。所要時間は約3時間。考査日前の指定日時に親子面接がある。

┃ ペーパーテスト ┃ 筆記用具は鉛筆を使用し、訂正方法は消しゴム。出題方法は音声。

1 話の理解

・そら君はしま模様の半そでの服を着ています。たいようさんは眼鏡をかけていて、長袖のワンピースを着ています。くも君は長ズボンで長袖のシャツを着ています。そら君に○、たいようさんに□をつけましょう。

・女の子はしま模様の服の男の子より背が高いですが、半そでの服の男の子よりは背が低いです。では、3人の中で一番背が高い子どもに○をつけましょう。

・女の子が転んでしまいました。それを見て、ウサギさんは「よかったね」と言いました。ライオンさんは「うーん」と言いました。ブタさんは「だいじょうぶ?」と言いました。キリンさんは「びっくりした」と言いました。この中で、正しいことを言っていると思う動物に○をつけましょう。

2 言語（しりとり）

・トマトからミカンまで、初めから2番目の音をつないでしりとりをします。できるだけ長くなるように線でつなぎましょう。

3 推理・思考（回転図形）

・上のハートの絵を見てください。ハートを右に1回ずつコトンと倒していくと、どのようになるかが描かれています。では、その下を見ましょう。左の四角を右に1回コトンと倒すと、どのようになりますか。右側から選んで○をつけましょう。

4 常識（季節）

・お家から学校まで、春と仲よしのものをすべて通って進む道に線を引きましょう。

5 数 量

・左のお手本と同じ数の積み木を、右の四角から選んで○をつけましょう。

6 推理・思考（鏡映図）

・左のように鏡の前にぬいぐるみやお家、木などを置くと、鏡にはどのように映りますか。右側から選んで○をつけましょう。

7 系列完成

・動物や形が決まりよく並んでいます。空いているところには何が入るとよいですか。それぞれすぐ下の四角から選んで、○をつけましょう。

8 数　量

・ライオンとトラが、それぞれ顔の下の数だけアメを持っています。ライオンがトラのアメを全部もらうと、持っているアメはいくつになりますか。その数だけ、右の四角に○をかきましょう。

・ブタがカエルの持っているアメを全部もらったら、持っているアメが6個になりました。ブタはカエルからアメをいくつもらいましたか。その数だけ、右の四角の中に○をかきましょう。

9 推理・思考（マジックボックス）

・上の2つを見てください。左のものが魔法の箱に入ると、右のようになって出てきます。では、一番下を見てください。左のものが魔法の箱に入ると、何になって出てきますか。すぐ下の四角から選んで、○をつけましょう。

10 点図形

・左のお手本と同じになるように、右にかきましょう。

▌ 個別テスト ▌

◤ 言　語

絵本を読んでいる間に1人ずつ呼ばれ、テスターの質問に答える。
・（絵を見せられて）魔法のランプで願いをかなえてくれるおじさんがいたら、どんな願い事をしますか。
・大人になったら何をしたいですか。
・幼稚園（保育園）の名前を教えてください。

▌ 集団テスト ▌ 4、5人ずつのグループに分かれて行う。

◤ 集団ゲーム

1人ずつ、布手袋をして小さいフープを1つ持つ。「猛獣狩りに行こうよ」の要領で、テスターが言った虫の名前の音の数と同じ人数のお友達でグループを作る。グループを作るときは直接手をつながずに、それぞれが持ったフープを間に挟んでつながるようにする。

3つの音の場合

📑 自由遊び

ボール、パズル、ブロック、釣りざお、虫捕り網、虫カゴ、折りたたみいすなどが入ったカゴがある。
カゴの中のもので、お友達と仲よく遊ぶ。ベルが鳴ったら遊びをやめる。

📑 共同絵画

模造紙1枚と人数分のクレヨンが用意され、みんなで模造紙に食べ物の絵を描く。
・おなかがすいたので、みんなで協力してごはんを作りましょう。

運動テスト

📑 連続運動

テスターがお手本を2回見せてくれるので、同じように1人ずつ行う。ほかのお友達が行っている間は、
その様子を見ないよう後ろ向きで座って待つ。

・コーンまで全力で走る→カゴの中にあるボールを遠くに投げる→縦置き、横置き4段の跳び箱を順番
に馬跳びする→子どもの肩幅ほどの間隔で左右に並んだ5段の跳び箱の上に両手をついて、間に置か
れた低い跳び箱を足を閉じたまま跳び越す→マットで立ち幅跳びをする→鉄棒で前回りをする→鉄棒
で足抜き回り（肩幅の位置で鉄棒を握り、手と手の間に曲げた両脚をくぐらせながら回転して着地）
をする。

・黙ったまま片足バランスを5秒間行う→ボールを3回つき、3回目は片足を上げてボールをくぐらせ
る→床のラインの上をケンパーで進み、パーのときは手をたたく→ミニハードルを駆け足で跳びなが
ら進む。

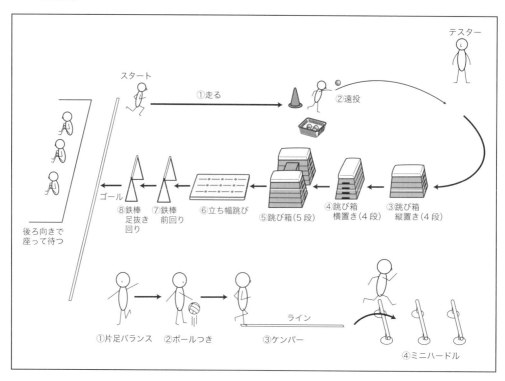

親 子 面 接

本 人

（答えに対して掘り下げた質問をされることが多い）
・お名前を教えてください。
・幼稚園（保育園）の名前を教えてください。
・幼稚園（保育園）では何をして遊んでいますか。
・幼稚園（保育園）のお友達の名前を教えてください。
・お友達のどんなところが好きですか。
・お家では誰と何をして遊びますか。
・お父さん、お母さんの好きなところはどこですか。
・頑張っていることは何ですか。
・あなたの宝物は何ですか。
・好きな絵本は何ですか。それはどんなお話ですか。
・小学校に入学したら何をしたいですか。

父 親

・志望動機をお話しください。
・お子さんが成長したと感じるところは、どんなところですか。
・本校の印象を教えてください。
・本校への質問、要望はありますか。

母 親

・お子さんの幼稚園（保育園）での様子をどのように聞いていますか。
・どのようなときにお子さんをかわいいと思いますか。
・本校への質問、要望はありますか。

面接資料／アンケート　Ｗｅｂ出願時に以下の項目を入力する。

・本校志望の理由（450字以内）。
・志願者について（300字以内）。
・特記事項（面接日程など、要調整の場合）。

1

2

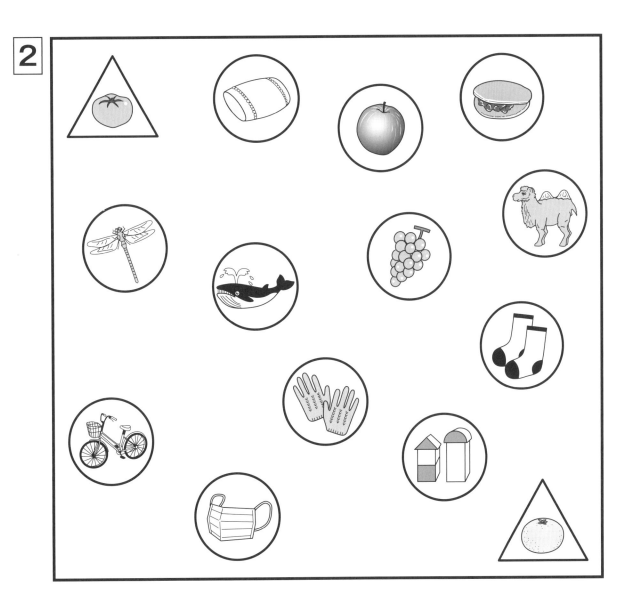

3

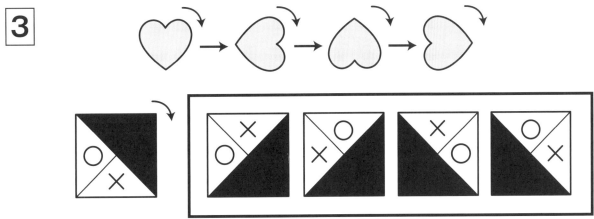

4

5

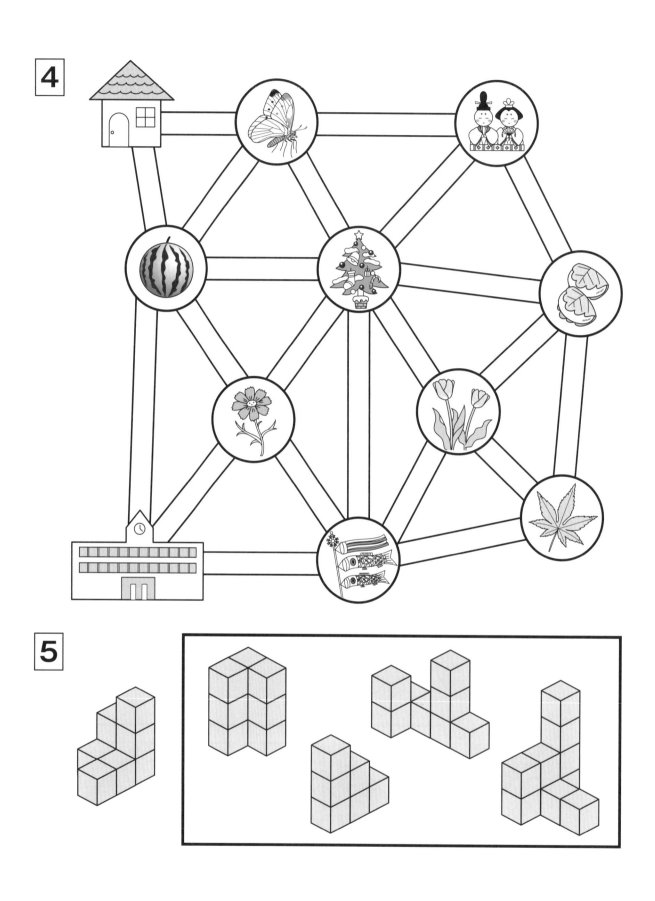

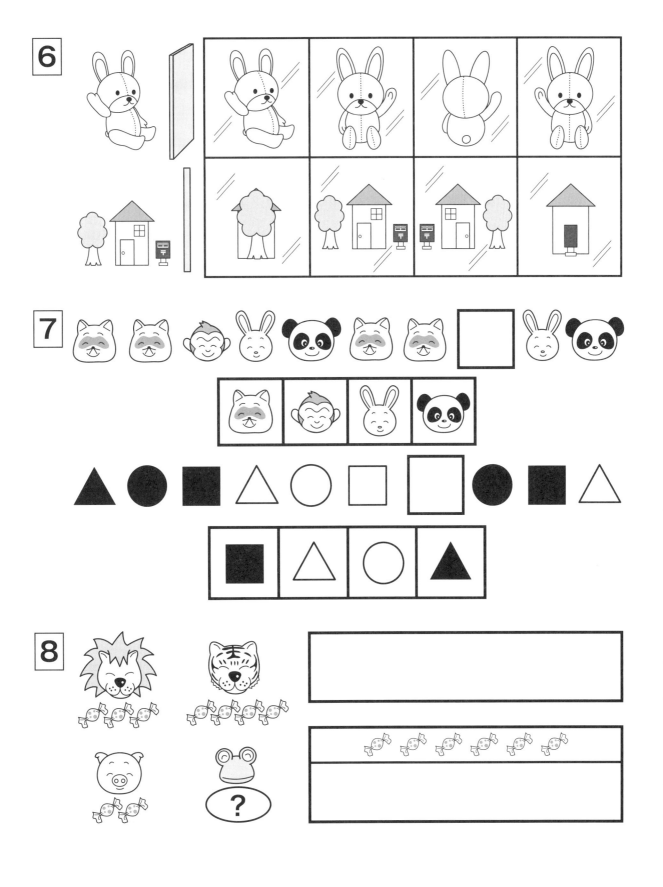

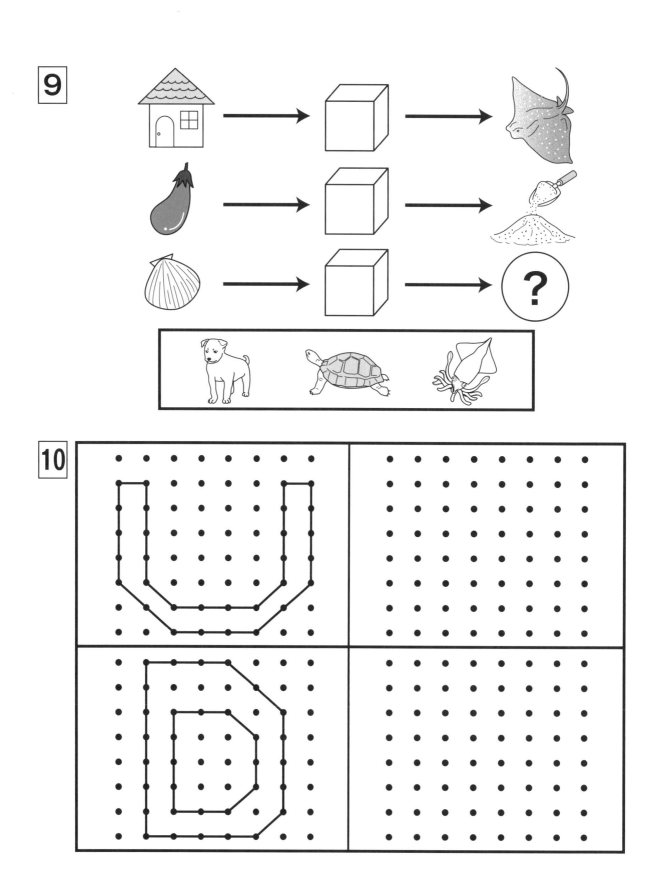

^{section}2021 同志社小学校入試問題

解答は解答例016ページ

■ 選抜方法

考査は1日で男女別に行われる。月齢別で決められた約10人単位のグループに分かれ、ペーパーテスト、さらに小グループに分かれて個別テスト、集団テスト、運動テストを行う。所要時間は約2時間。考査日前の指定日時に親子面接がある。

ペーパーテスト	筆記用具は鉛筆を使用し、訂正方法は消しゴム。出題方法は話の記憶のみ音声で、ほかは口頭。

1 話の記憶

「キツネのコンキチ君は、お誕生日プレゼントに今乗っている自転車より少し大きな自転車を買ってもらいました。うれしくなったコンキチ君は、さっそくいつも遊んでいる公園に行って新しい自転車に乗る練習を始めました。『僕はもう6歳だから、かっこよく自転車に乗るんだ』と言って張り切っています。でも、コンキチ君の大きくて太いしっぽが自転車に引っかかってしまい、うまく漕ぐことができません。コンキチ君が困っていると、お友達のタヌキのポンタ君が自転車でやって来ました。そしてコンキチ君の自転車を見て『かっこいい自転車だね。でも、何か困っているの?』と声をかけてきました。『あっ、ポンタ君。お誕生日に新しい自転車を買ってもらったのだけど、僕の大きなしっぽが引っかかって、なかなかうまく漕げないんだ』と、コンキチ君が照れくさそうに言うと、ポンタ君は『なんだ、そんなことか。僕が手伝ってあげるよ』と言い、2匹は一緒に練習を始めました。ポンタ君がコンキチ君のしっぽを持ってあげ、慣れてきたところで手を離すことをくり返していると、スズメさんがコンキチ君とポンタ君の近くにやって来ました。『あら、自転車の練習? 大変そうね。わたしは自転車に乗らなくても、この羽があるから自由にどこへでも行けるのよ』と言うと、自慢げにスイスイと気持ちよさそうに空高く飛んでいきました。コンキチ君とポンタ君は『僕たちも自転車でスイスイと、どこまでも行けるように頑張ろう!』2匹はそう言うとそれからも力を合わせて練習をして、上手に乗れるようになりました」

・1段目です。お話に出てきた生き物に○をつけましょう。
・その下の大きな四角を見ましょう。二重丸の中にコンキチ君が自転車をプレゼントされた様子が描いてありますね。その絵から始めてお話に合う絵を選びながら、順番になるように丸を線でつなぎましょう。

2 話の理解・常識

ネコさんとイヌさんがお話をしています。
ネコ 「電車に乗るときは降りる人がいても、乗る人が先に乗っていいんだよね」
イヌ 「電車に乗るときは、まず降りる人が先に降りてから、乗る人が乗るのよね」
・正しいことを言っている動物に○をつけましょう。

次はウサギさんとクマさんがお話をしています。

ウサギ 「横断歩道を渡るときは信号が青でも、チカチカと点滅を始めたら次の青信号まで待つのよね」

クマ 「違うよ。青信号がチカチカ点滅をしていたら、走って渡ればいいんだよ」

・正しいことを言っている動物に○をつけましょう。

3 数 量

・それぞれの段の積み木は何個ですか。その数だけ○をかきましょう。

4 言語（しりとり）

・左上の「カラス」から右下の「もち」まで、2番目の音をつないでしりとりをします。できるだけ長くなるように線でつなぎましょう。

5 言 語

・上から読んでも下から読んでも同じものを選び、○をつけましょう。

6 数量（進み方）

・ネコとイヌがジャンケンゲームをして階段を進んでいきます。ジャンケンに勝ったら階段を2段上ることができ、負けたら1段下ります。あいこのときはそのまま動くことができません。左上の四角に描いてあるようにネコとイヌが5回ジャンケンをすると、最後にどの段に止まりますか。止まったところに、それぞれの動物の下にかいてある印をかきましょう。

7 推理・思考（鏡映図）

・男の子が鏡の前に立っています。鏡にはどのように映りますか。正しいものを右側の四角から選び、○をつけましょう。

8 推理・思考

・左端の絵を、矢印の方向に1回コトンと倒すとどのようになりますか。正しいものを右側から選び、○をつけましょう。

・左端のように折り紙を折り、黒いところを切って開くとどのようになりますか。正しいものを右側から選び、○をつけましょう。

9 常 識

・上の段を見てください。ご飯がクエスチョンマークを通ると、おにぎりになって出てきます。では、その下の長四角を見てください。魚と卵がクエスチョンマークを通ると、何になって出てきますか。それぞれ右側にある4つの絵から選んで○をつけましょう。

10 推理・思考（重さ比べ）

・重さ比べをしています。一番重いものを、それぞれの下の四角の中から選んで○をつけましょう。

11 言 語

・上にある絵と同じ言い方をするものを下から選んで、点と点を線で結びましょう。

12 点図形

・お手本と同じになるように、右側にかきましょう。

13 推理・思考（展開図）

・上の段です。サイコロは、6つの四角が向かい合ってできていますね。左端の果物の絵が描かれた6つの四角を組み立てて、真ん中にあるサイコロを作りました。このように手前にリンゴ、上にイチゴが見えているとき、下にはどの果物が来ていますか。右端のマス目から選んで○をつけましょう。

・下の段です。左側にサイコロを開いた様子が描いてあります。これを組み立てると、どのようになりますか。正しいサイコロを右側から選んで○をつけましょう。

個別テスト

14 言　語

絵本を読んでいる間に1人ずつ呼ばれ、遊園地の絵を見せられて質問される。各自に赤、青、黄色のシールが用意されている。

・この中で乗ってみたい乗り物は何ですか。

・（3色のシールのうち2色を使うよう指示される）この中で、仲よくなりたいお友達にシールを貼りましょう。なぜ、このお友達と仲よくなりたいのですか。

集団テスト

共同制作

各グループの机の上に、たくさんの紙コップ（大、中、小）、紙皿、2個のセロハンテープが用意されている。

・お友達と相談し、ここにある材料を使って「夢の中の世界」を作りましょう。

運動テスト

連続運動

テスターが最初にお手本を見せてくれるので、同じように1人ずつ行う。ほかのお友達が行っているときは、舞台上でゼッケンの色ごとに並んで待つ。

・コーンまで全力で走る→カゴの中にあるボールをテスターに向かって2回投げる→ドッジボールを投げ上げ、3回手をたたいてからキャッチする→数回ボールつきをして股抜きをする→縄跳びを5回跳ぶ→横置き4段の跳び箱を馬跳びする→左右に並んだ5段の跳び箱の上に両手をついて、間に置かれた低い跳び箱を両足をそろえて跳び越す→マットで前転する→マットの上に立ち幅跳びをする→ケン

パーで進み、パーのときに手をたたく→鉄棒で逆上がりをする。

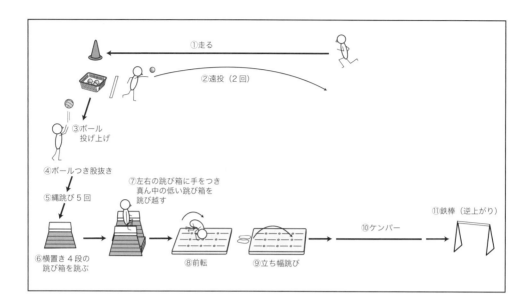

親 子 面 接

本 人

（答えに対して掘り下げた質問をされることが多い）
・お名前を教えてください。
・幼稚園（保育園）では何をして遊んでいますか。
・お父さん、お母さんの好きなところはどこですか。
・お家では誰と何をして遊びますか。
・あなたの宝物は何ですか。
・大きくなったら何になりたいですか。

父 親

・志望動機をお話しください。
・私立学校の魅力はどういう点だとお考えですか。
・本校に入学させるうえで、不安なことはありますか。
・12年間一貫教育についてどう思いますか。
・お子さんの長所を教えてください。

母 親

・お子さんの幼稚園（保育園）での様子をどのように聞いていますか。
・どのようなときに子どもをかわいいと思いますか。
・子育てで役割分担はありますか。
・いつごろからお子さんを本校に入学させたいと思うようになりましたか。

面接資料／アンケート 願書に以下の記入項目がある。

・志望理由。

・志願者について。

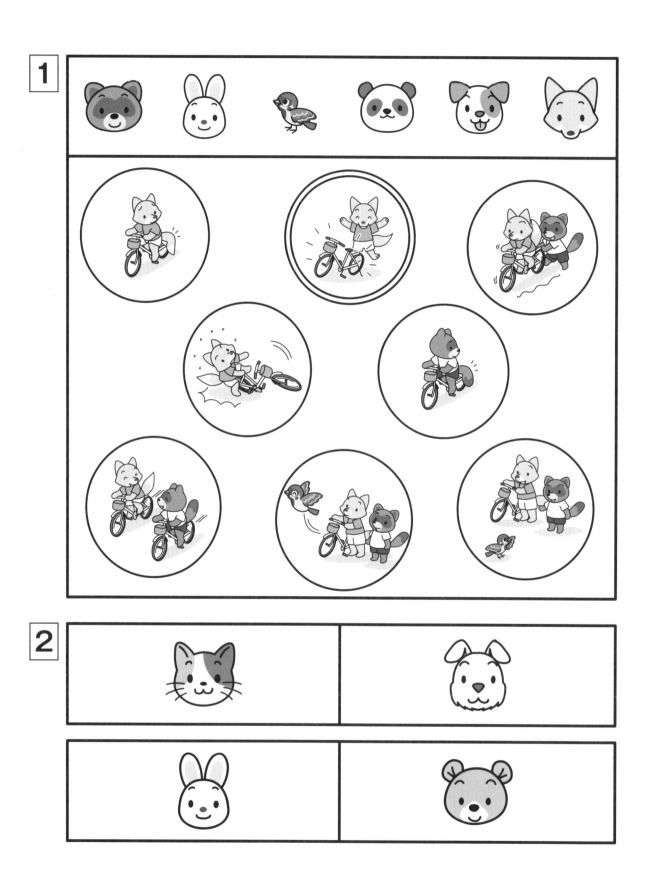

3

4

5

6

7

8

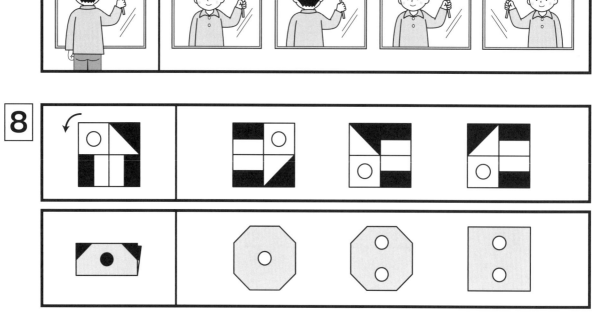

2021

9

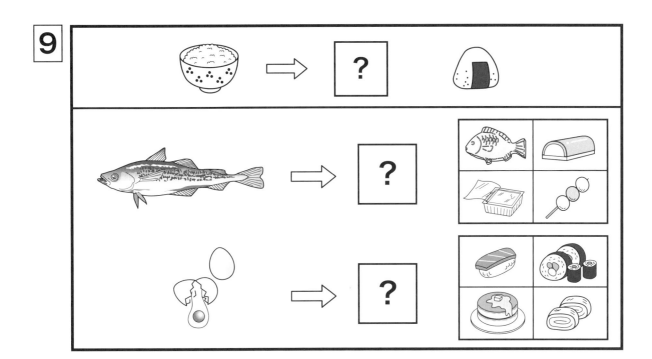

10

11

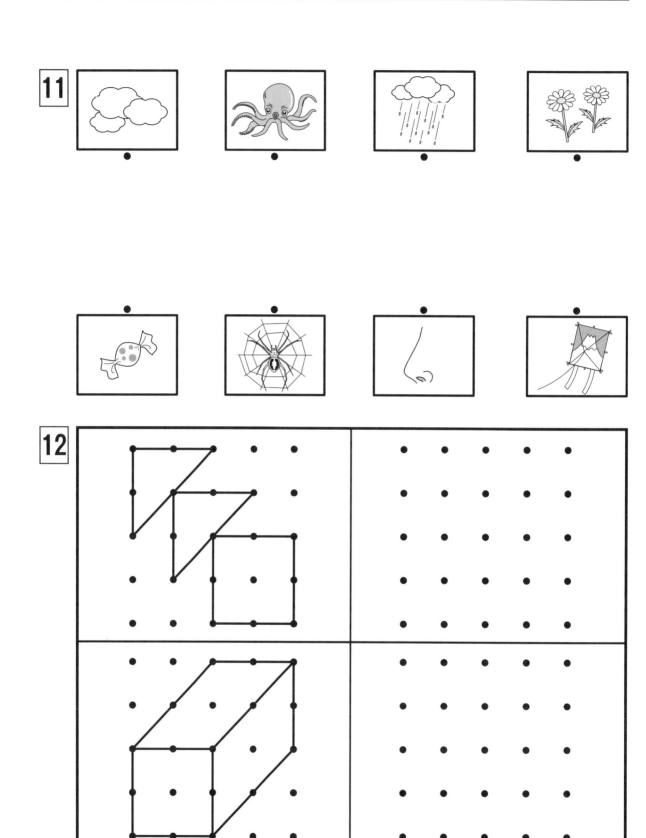

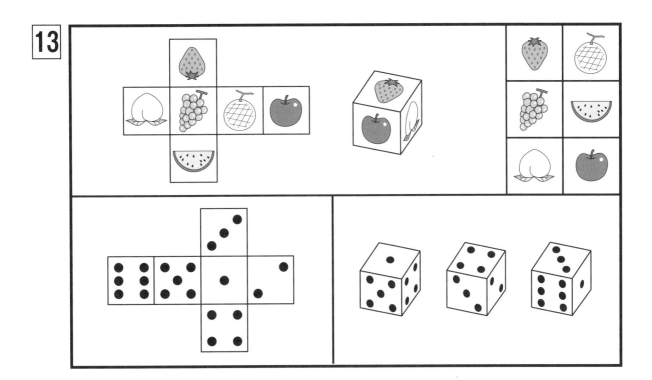

13

14

2020 同志社小学校入試問題

解答は解答例017ページ

■ 選抜方法

考査は1日で男女別に行われる。月齢別で決められた20〜25人単位のグループに分かれ、ペーパーテスト、さらに小グループに分かれて、個別テスト、集団テスト、運動テストを行う。所要時間は約3時間30分。考査日前の指定日時に親子面接がある。

▌ ペーパーテスト ▌ 筆記用具は鉛筆を使用し、訂正方法は消しゴム。出題方法は話の記憶のみ音声で、ほかは口頭。

1 数 量

・積み木の数が一番多いものに○をつけましょう。

2 数量（マジックボックス）

・丸が左の数だけ真ん中の箱に入り、右の数だけ出てきました。丸は箱の中で、いくつ増えたり減ったりしましたか。その数だけ下の長四角に○をかきましょう。

3 推理・思考

・サイコロの形を作るには、どの形を使うとよいですか。○をつけましょう。

4 常識（季節）

・秋の様子の絵に○をつけましょう。

5 常識（生活）

・上のお仕事の人は、下のどの車を使いますか。合うもの同士の点と点を線で結びましょう。

6 推理・思考（比較）

・一番長いヘビの下の四角に○をかきましょう。

7 観察力（同図形発見）

・左のお手本と同じ絵を、右から選んで○をつけましょう。

8 言語（しりとり）

・左上のロバから右下のミカンまでしりとりでつながるものを選んで、線でつなぎましょう。

9 常識（仲間探し）

・動物園にいる動物に○、水族館にいる生き物に△をつけましょう。

10 **常識（交通道徳）**

・交通ルールを守って自転車に乗っている人に○をつけましょう。

11 **常識（判断力）**

・火事のときにはどのように逃げればよいですか。正しい絵に○をつけましょう。○は絵の下の四角にかいてください。

▌ 個別テスト ▌

12 **常識（仲間探し）・言語**

自由遊びの間に1人ずつ呼ばれる。

・（4枚のカードを渡される）カードを2つの仲間に分けましょう。

・（もう1枚渡される）このカードはどちらのグループに入りますか。それはなぜですか。

▌ 集団テスト ▌

🔷 集団ゲーム（ジャンケン列車）

音楽に合わせて歩き、音楽が止まったらお友達を見つけてジャンケンをする。勝ったら相手の前になり、負けたら相手の後ろについて列車になる。これを「やめ」と言われるまでくり返し行う。

🔷 集団ゲーム（釣りゲーム）

グループに分かれて行う。リレー形式で1人ずつ順番にスタートラインから向こう側の池まで行き、クリップのついた野菜、魚などの絵が描かれたカードを磁石つきの釣りざおで釣り上げて戻ってくる。1回目を行った後、2回目は釣り上げたものが魚なら3点、野菜なら2点、そのほかなら1点をもらえるというルールで行う。点数の高いグループが勝ち。

🔷 行動観察（お城作り）

グループに分かれて行う。用意された積み木を使い、お友達と協力してお城を作る。

🔷 歌・身体表現

・テスターの弾くギターに合わせて歌う。

・「ゴリラ」「カンガルー」「リンゴ」など、テスターが言ったものに変身する。

🔷 自由遊び

絵本が用意されている。

・自由に遊びましょう。絵本を読んでもよいですし、ほかに好きなことをしてもよいですよ。

模倣体操

テスターのお手本や掛け声に合わせてひざの屈伸などを行う。

かけっこ

体育館の反対側の壁に立てかけてあるマットまで走る。

ボール投げ

小さいボールを思い切り遠くに投げる。

バランス

床に片手をつき、横向きで両足を伸ばしてもう片方の手を上に上げる。床についた手と両足で体を支える。

ゴム段跳び・くぐり

ゴム段の横に立ち、横向きに両足で跳び越したら横向きのままくぐって戻る。2回くり返す。

連続運動

床に置かれた目印を飛び石のようにして、両足ジャンプで進む→縦置き、横置き、脚抜きで、4段の跳び箱を跳ぶ→マットで前転して気をつけの姿勢をとる→マットで立ち幅跳びをする→縄跳びを連続で5回跳ぶ→ボールを投げ上げ、3回手をたたいてからキャッチする→2mほど先に置かれたカゴ（玉入れのカゴ程度の大きさ）に、ボールを投げ入れる。

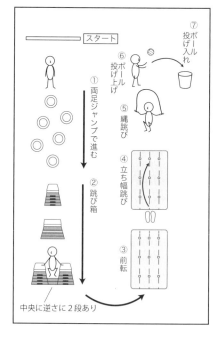

持久力

できるだけ長く鉄棒にぶら下がる。落ちた人はその場で体操座りで待つ。

親 子 面 接

本 人

（答えに対して掘り下げた質問をされることが多い）

・お名前を教えてください。

・幼稚園（保育園）で好きな遊びは何ですか。

・お父さん、お母さんの好きなところはどこですか。

・きょうだいとは何をして遊びますか。

・きょうだいでけんかはしますか。

・宝物はありますか。それは何ですか。なぜ宝物なのですか。

・今頑張っていることは何ですか。

・お手伝いは何をしていますか。どのようにするのですか。

・大きくなったら何になりたいですか。それはどうしてですか。

・小学校で頑張りたいことは何ですか。

父 親

・志望動機をお話しください。

・本校を知ったきっかけを教えてください。

・いつごろから本校に入学させたいと思うようになりましたか。

・本校に期待することは何ですか。

・どのようなときに子どもをかわいいと思いますか。

・お子さんにはどのような人になってほしいですか。

母 親

・幼稚園（保育園）での様子をどのように聞いていますか。

・本校に対して要望や不安な点はありますか。

・本校に期待することは何ですか。

・12年間一貫教育についてどう思いますか。

・どのようなときに子どもをかわいいと思いますか。

2020

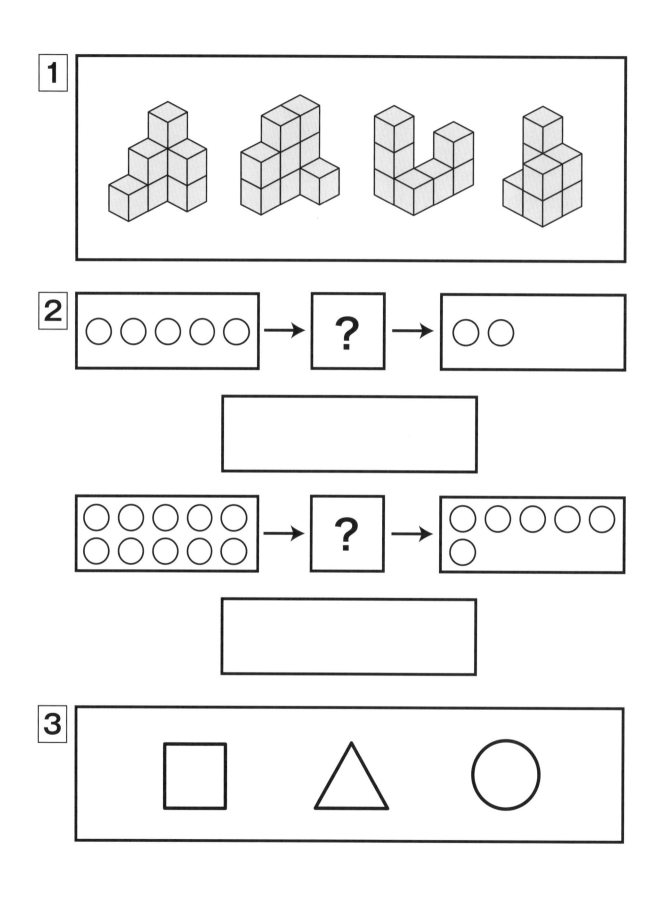

4

5

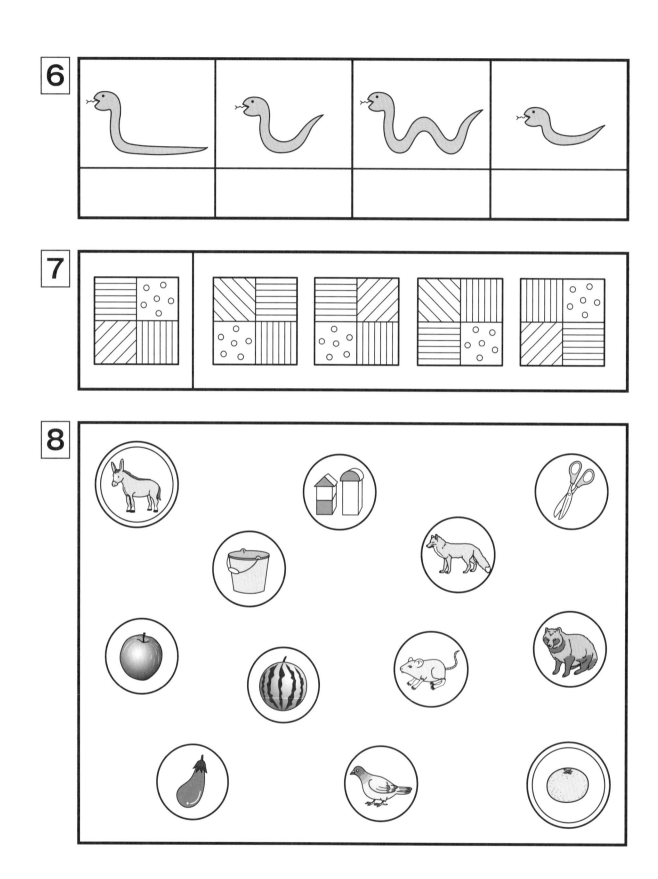

9

10

section
2019 同志社小学校入試問題

解答は解答例018ページ

■ 選抜方法

考査は1日で男女別に行われる。月齢別で決められた約20人単位のグループに分かれ、ペーパーテスト、さらに小グループに分かれて、個別テスト、集団テスト、運動テストを行う。所要時間は約3時間。考査日前の指定日時に親子面接がある。

■ ペーパーテスト

筆記用具は鉛筆を使用し、訂正方法は消しゴム。出題方法は話の記憶のみ音声で、ほかは口頭。

1 常 識

- チョウチョに○をつけましょう。
- クマの足に○をつけましょう。
- 黒く隠れているところに入るものに○をつけましょう。

2 言 語

- 上にいろいろなものの絵があります。その名前の音の数だけ下に四角がかいてあります。黒い四角のところにくる音をつなげると何になりますか。その絵を下から選び○をつけましょう。

3 点図形

- 左上のお手本の通りに、右側の四角の中にかきましょう。

4 常識（季節）

- 季節の順番に正しく並んでいる段の、左の四角の中に○をかきましょう。

5 常 識

- （シンバルの音が聞こえる）どの楽器の音ですか。○をつけましょう。
- （太鼓の音が聞こえる）どの楽器の音ですか。○をつけましょう。
- （カスタネットの音が聞こえる）どの楽器の音ですか。○をつけましょう。

6 推理・思考（対称図形）

- 折り紙を絵のように折り、黒い線で切って開くとどのようになりますか。○をつけましょう。

7 常識（生活）

- 上の帽子と下の人のお仕事とで、合うもの同士をそれぞれ選んで、点と点を線で結びましょう。

8 数 量

- 上の絵の数だけおはじきがあります。そこから左下の手にある数だけおはじきを取ると、残りはい

くつになりますか。その数だけ右の四角に○をかきましょう。

9 推理・思考

・いろいろな形がかいてあります。この中から、一筆書きできるものに○をつけましょう。

10 数 量

・サイコロは6つの面が向かい合ってできています。サイコロの向かい合う面は5と2のように、合わせると7になります。では、3の反対側の面の目はいくつですか。その数だけ右の長四角に○をかきましょう。

11 系列完成

・形が決まりよく並んでいます。クエスチョンマークのところには何が入りますか。左下の四角の中から選んで○をつけましょう。

12 推理・思考（重さ比べ）

・シーソーの絵を見て、2番目に重いものに○をつけましょう。印は右の四角の絵につけましょう。

13 数 量

・左の積み木と同じ数だけ、右の積み木に1つずつ○をつけましょう。

個別テスト

制 作

テスターのお手本を見ながら同時進行で、折り紙で鉛筆を折る。できあがったら、クレヨン（青、ピンク、緑）で顔を自由に描く。

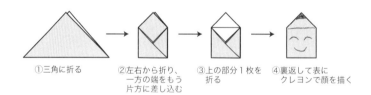

①三角に折る　②左右から折り、一方の端をもう片方に差し込む　③上の部分1枚を折る　④裏返して表にクレヨンで顔を描く

言 語

・幼稚園（保育園）の名前を教えてください。
・幼稚園（保育園）で楽しいことは何ですか。

集団テスト

🔖 行動観察

・テスターが読む絵本を聴く。

・4、5人ずつのグループに分かれて、できるだけ高くなるように積み木を積む。

🔖 集団ゲーム

約10人ずつのグループに分かれて、玉入れの玉を使ってハンカチ落としと同じルールでゲームをする。

🔖 玉入れ

2～3m先の箱に玉を投げ入れる。

運動テスト

🔖 模倣体操

テスターのお手本通りに準備体操をする。

🔖 連続運動

Ⓐ約10mの距離を全力で走る→マットで前転する→縦置き4段の跳び箱を馬跳びで越える→横置き4段の跳び箱を馬跳びで越える。

Ⓑ小さいゴムボールをなるべく遠くに投げる（2回行う）→約10cmの高さのハードルを両足跳びで越えながら進む→ボールを投げ上げて、手を2回たたいてから落ちてきたボールをキャッチする（2回行う）→体の周りでボールを3周させる→その場でボールつき、股抜きを行う。テスターに「いいですよ」と言われるまで行う。

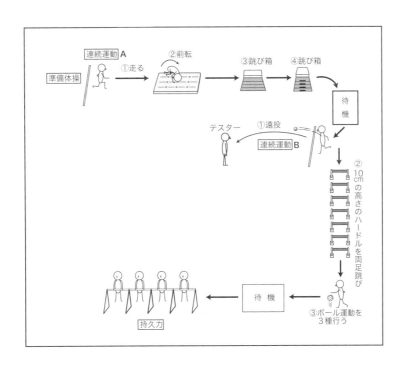

■ 持久力

鉄棒の上に上体を出し、約60秒間腕で体を支える。

親 子 面 接

本 人

（答えに対して掘り下げた質問をされることが多い）

・お名前を教えてください。

・幼稚園（保育園）の名前を教えてください。好きな遊びは何ですか。

・お家で好きな遊びは何ですか。

・きょうだいとは何をして遊びますか。けんかはしますか。誰が勝ちますか。

・お手伝いは何をしていますか。

・好きな動物は何ですか。

・将来は何になりたいですか。それはどうしてですか。

・宝物は何ですか。

・魔法を使えるとしたら、どんな魔法を使いたいですか。

父 親

・志望動機をお話しください。

・お子さんが成長したと感じるのはどんなときですか。

・6年後、お子さんにはどのような人になってほしいですか。

・小学校に期待することは何ですか。

・本校は第一志望ですか。

母 親

・どのようなお子さんですか。

・お子さんに、きょうだいの中での役割はありますか。

・お子さんをぎゅっと抱きしめたいと思うのはどのようなときですか。

・お子さんが成長したと感じるのはどのようなときですか。

・6年後、お子さんにはどのような人になってほしいですか。

・小学校に期待することは何ですか。

1

2

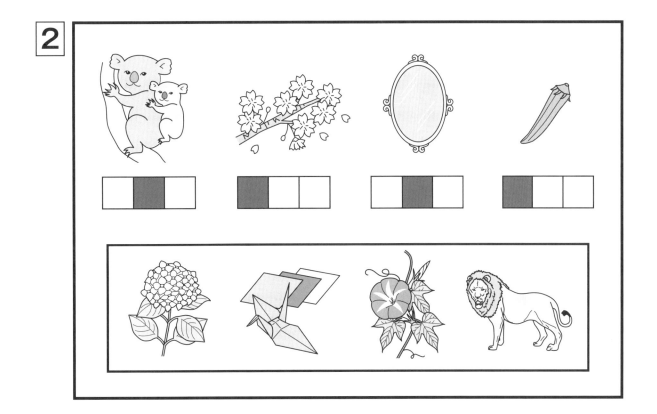

3

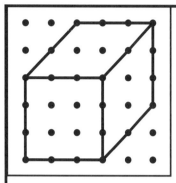 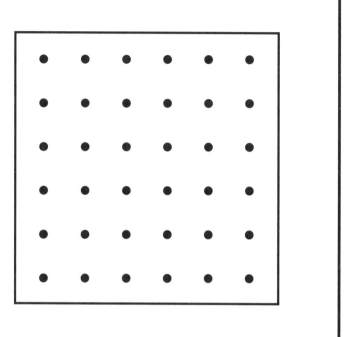

4

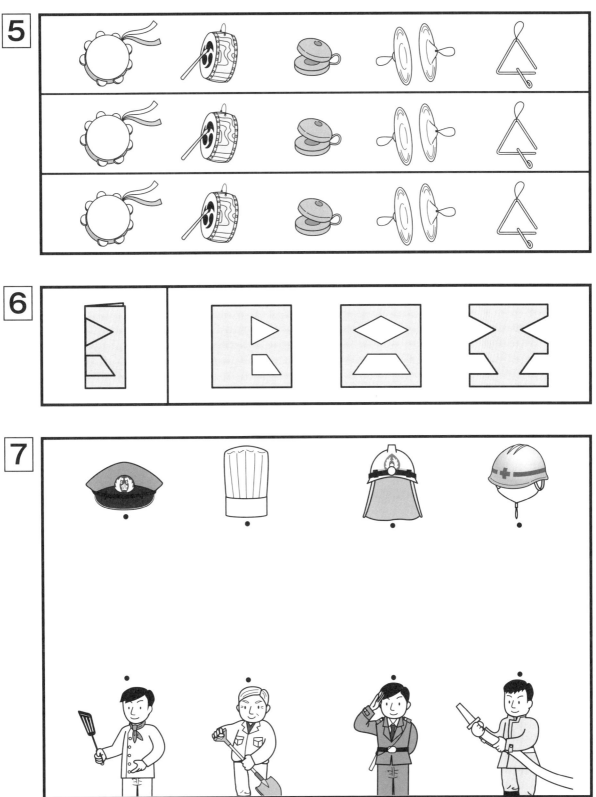

2019

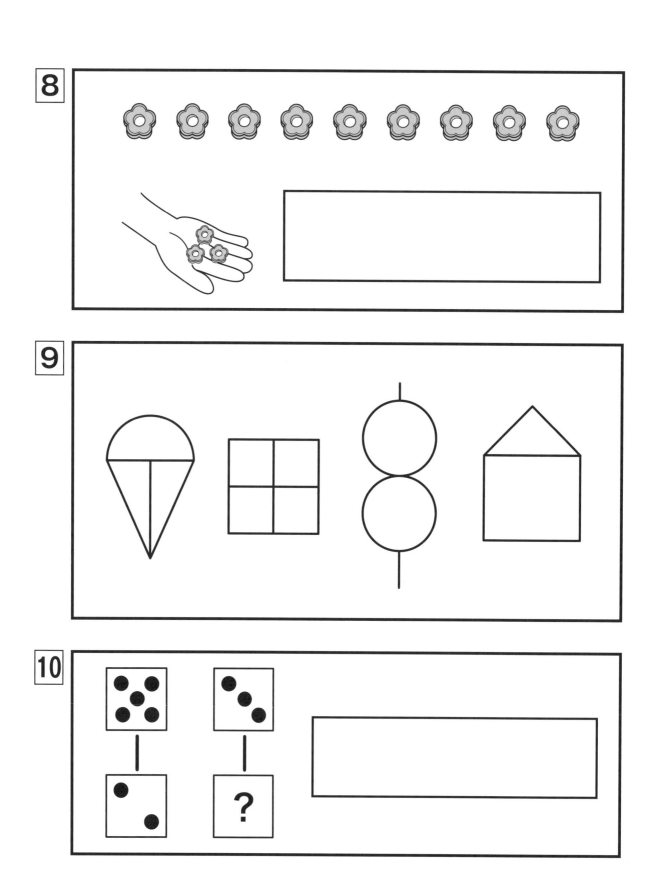

11

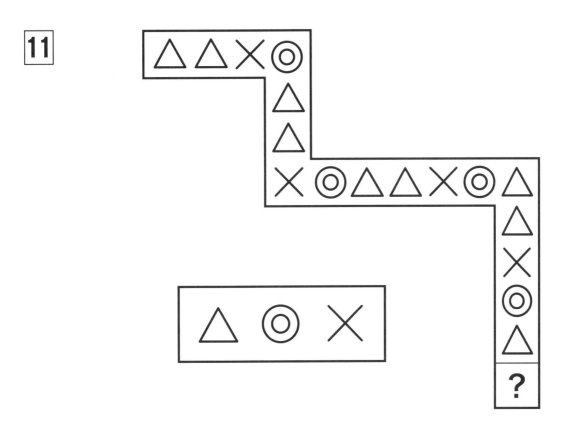

12

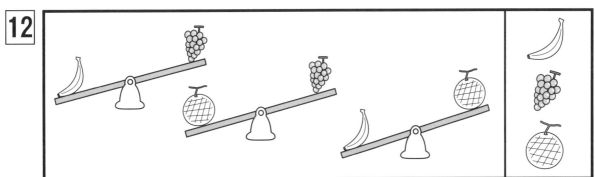

13

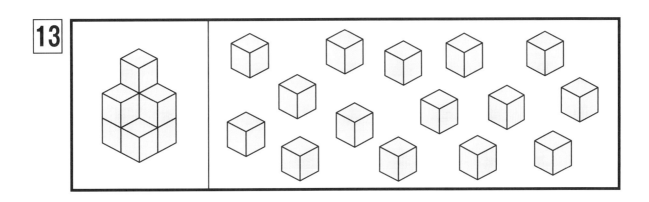

2023 立命館小学校入試問題

解答は解答例019～020ページ

■ 選抜方法

考査は1日で、月齢別のグループ（約15人）に分かれ、ペーパーテスト、集団テストを行う。所要時間は約2時間30分。考査日前の指定日時に親子面接がある。

■ ペーパーテスト ｜ 筆記用具は鉛筆を使用し、訂正方法は消しゴム。出題方法は音声。

1 常識（季節）

・上の2段です。左端と同じ季節の絵を、右から選んで○をつけましょう。
・下の2段です。左端の次にやって来る季節の絵を、右から選んで○をつけましょう。

2 言　語

・左に描いてある絵の名前の2番目の音をつないでできるのは何ですか。右から選んで○をつけましょう。

3 推理・思考（重ね図形）

・透き通った紙にかかれた左の2枚の絵をそのまま重ねると、どのようになりますか。正しいものを右から選んで○をつけましょう。

4 推理・思考（絵の順番）

・4枚の絵を正しい順番に並べ替えたとき、2番目になる絵を選んで○をつけましょう。

5 話の記憶

「みさきちゃんはお父さん、お母さん、お姉ちゃん、お兄ちゃんの家族5人で遊園地に行きます。お家を出ようとしたときにお母さんの会社から電話があり、お母さんは急にお仕事に行くことになりました。『1時間くらいで終わるから、後から行くわね』とお母さんが言ったので、みさきちゃんたちは先に遊園地へ行くことになりました。遊園地に着くと、お兄ちゃんとお姉ちゃんは『ジェットコースターに乗りたい』と言いましたが、みさきちゃんは『メリーゴーラウンドがいいな』と言いました。そこでお兄ちゃんが『じゃあ、分かれて乗ろう』と言って、お兄ちゃんとお姉ちゃんはジェットコースターに乗り、みさきちゃんはお父さんとメリーゴーラウンドに乗りました。次にコーヒーカップに乗っていると、お仕事が終わったお母さんがやって来て手を振っているのが見えました。それからもう一度、今度はお母さんと一緒にコーヒーカップに乗りました。そして家族みんなで観覧車に乗ってから、お弁当を食べました。最後にお兄ちゃんとみさきちゃんがソフトクリームを、お姉ちゃんはわたあめを食べてお家に帰りました」

・みさきちゃんが最初に乗ったものに○をつけましょう。

・お弁当を食べる前に乗ったものに○をつけましょう。

・みさきちゃんが食べたおやつに○をつけましょう。

6 言 語

・左の絵と名前の音の数が同じものを、右から選んで○をつけましょう。

7 数量（進み方）

・ウサギは一度に３つ、カメは一度に２つ、それぞれマス目を進みます。２匹が同時にスタートして出会うマス目に○をかきましょう。

8 数量（対応）

・サッカーボールとラグビーボールを、同じ袋に１つずつ入れます。袋は何枚あればよいですか。その数だけ、○をかきましょう。

・テニスボールとバレーボールを、同じ袋に１つずつ入れます。袋は何枚あればよいですか。その数だけ、○をかきましょう。

9 推理・思考（対称図形）

・透き通った紙のマス目に、いろいろな印がかいてあります。この紙を点線のところで上から下にパタンと折ると、印はどのようになりますか。点線の下のマス目にかきましょう。

10 話の理解

・丸の右隣に三角をかきましょう。

・丸と四角がかいてあります。丸の左隣に丸をかき、四角の上には三角をかきましょう。

11 推理・思考（四方図）

・テーブルの上の果物を男の子と女の子が見ています。男の子と女の子からは、どのように見えていますか。正しい見え方の絵をそれぞれ選んで、○をつけましょう。

12 推理・思考

・ひもを点線のところで切ると、何本になりますか。その数だけ、○をかきましょう。

13 数 量

・上の四角の数だけ宝箱にコインが入っています。周りにあるコインを宝箱から出すと、中には何枚コインが残っていますか。その数だけ、宝箱の横の長四角にそれぞれ○をかきましょう。

14 構 成

・右の積み木を作るのに、左上の積み木のほかにどのような形の積み木があるとよいですか。下から選んで○をつけましょう。

集団テスト

15 構　成

チューリップが描かれたA4判程度の台紙、パターンブロックの黄色1つ、赤2つ、青2つ、オレンジ色2つ、緑3つ、白6つが用意されている。

・チューリップのお花のところに、ピッタリ合うようにパターンブロックを置きましょう。パターンブロックは余らないように全部使ってください。

■ 巧緻性（折り紙）

折り方の手順がモニターに映し出される。

・お手本の折り方をよく見て、折り紙で二そう舟を作りましょう。

■ 集団ゲーム（魚釣りゲーム）

4、5人のグループに分かれて行う。1m四方のジョイントマットの上に、たくさんのおもちゃの魚がある。グループの人数よりも1本少ない数の釣りざおが用意されている。

・グループごとに、マットの上にある魚を釣って遊びましょう。釣りざおはグループ全員の分はありませんので、どのようにするか皆さんで考えて遊んでください。

■ 言語・発表力

絵本「ちいさなくも」（エリック・カール作・絵　もりひさし訳　偕成社刊）のお話を聞き、自分の感想を発表する。

親 子 面 接

先に子どものみ面接室に入室し、持参した課題画について質問される。その後、保護者が合流する。

本 人

※事前に自宅で「一番好きな遊び」をテーマに鉛筆で絵を描き、当日持参する。その絵について質問される。

・これは何の絵ですか。誰がいますか。ここはどこですか。周りには何がありますか。

・なぜこの絵を描いたのですか。どうしてこの遊びが好きなのですか。ほかにどんな絵を描いてみたいですか。

（保護者が合流する）

・お名前、幼稚園（保育園）の名前、クラスの名前、先生の名前を教えてください。

・幼稚園（保育園）の好きなところはどこですか。

・お友達の名前を教えてください。幼稚園（保育園）では、お友達と何をして遊びますか。幼稚園（保育園）の中でする遊びでは、何が好きですか。

・お友達とけんかになったらどうしますか。

・どんな本が好きですか。それはどんなお話ですか。どんな場面が面白いですか。

・家族で出かけたときの思い出を教えてください。

・お父さん、お母さんとどんな遊びをしますか。

・お母さんの作る料理で好きなものは何ですか。

・どんなときに、ほめられたり、しかられたりしますか。

・お休みの日は何をしていますか。

・立命館小学校に来てみてどうでしたか。どんなところが好きですか。

・（受験に向けて）何か頑張ってきたことはありますか。

・苦手なことは何ですか。

・小学校に入ったら、何がしたいですか。

・今日はどうやってここに来ましたか。

保護者

※父母どちらへとの指定なしに質問され、一方が答えると他方にも同じ質問をされる。

・志望理由をお聞かせください。

・多くの私立小学校の中で、本校を選ばれた理由は何ですか。なぜ第一志望なのですか。

・（体験会などに参加した場合）本校に来られたときのお子さまの印象や反応はいかがでしたか。

・（説明会や体験会に参加した場合）ご感想をお聞かせください。

・お子さんがお友達とけんかをしたら、どのように対応されますか。

・幼稚園（保育園）でのお子さんの様子は、どのようだと聞いてますか。

・子育てで大変だ（難しい）と思うことは何ですか。それについてどのように対処していますか。

・最近、ご夫婦で子育てについてお話しされたことはありますか。

・学校と保護者の協力体制について、どのようにお考えですか。連携で大事なことは何ですか。

・本校とご家庭の教育方針で一致しているのは、どのようなところですか。

・学校とご家庭が同じ方向を向くには、どのようにすればよいと思いますか。

・ＩＣＴ教育について、どのように思われますか。

・お子さんとどのように接していますか。

・お子さんの一番の魅力はどのようなところですか。長所は何ですか。どのようなお子さんですか。

・ご家庭でのしつけで大切にされていることは何ですか。

・本校の４つの柱のうち、どれがお子さんに合っていると思いますか。

面接資料／アンケート　Ｗｅｂ出願時に以下の項目を入力する。

・志願者の氏名、性別、生年月日、住所、在園の状況。

・本校第一志望（本校のみ受験／他校も受験）、他校第一志望の別。

・家族の続柄、氏名、備考。

・志願者のきょうだいについて立命館小学校在学の有無。

・志望理由。

・家庭の教育方針。

・志願者の長所や短所、特技、現在頑張って取り組んでいること。

・志願者の写真。

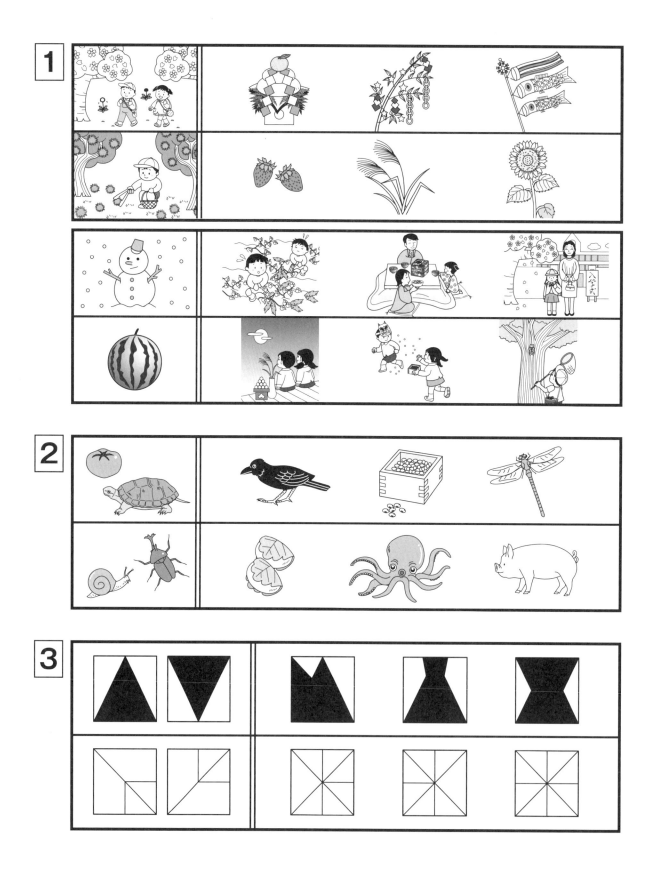

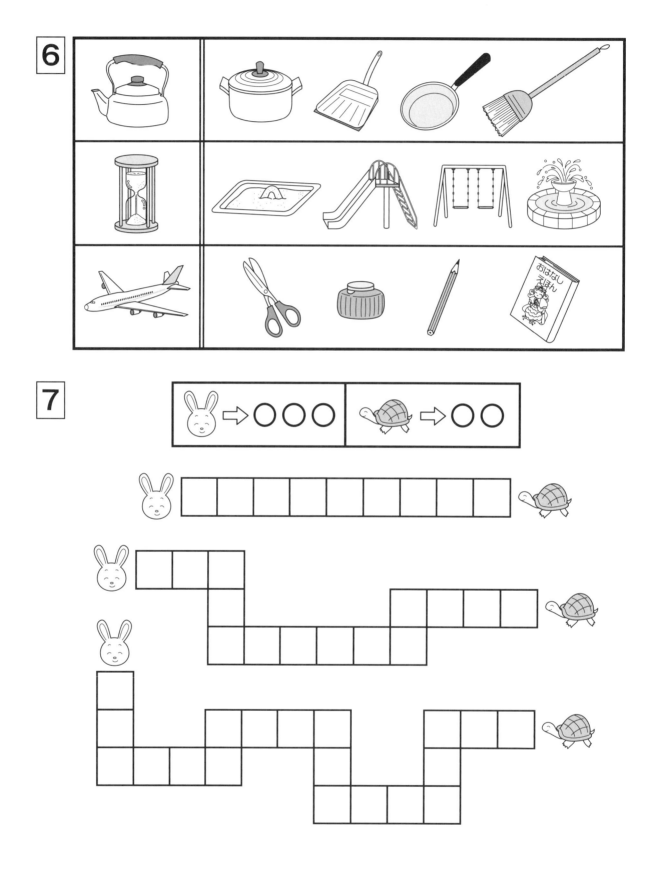

8

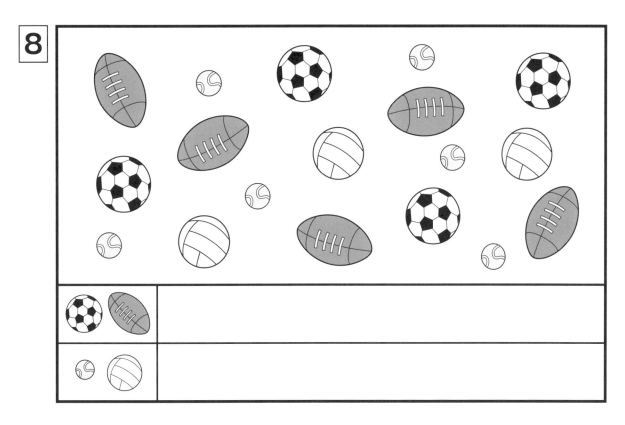

9

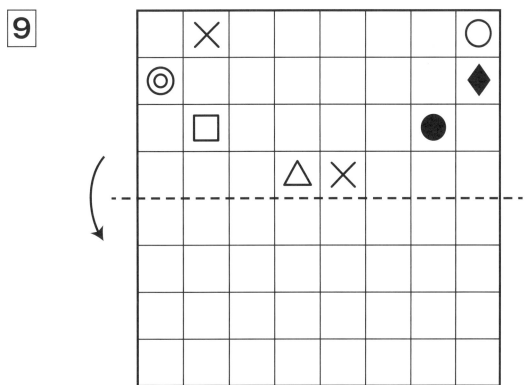

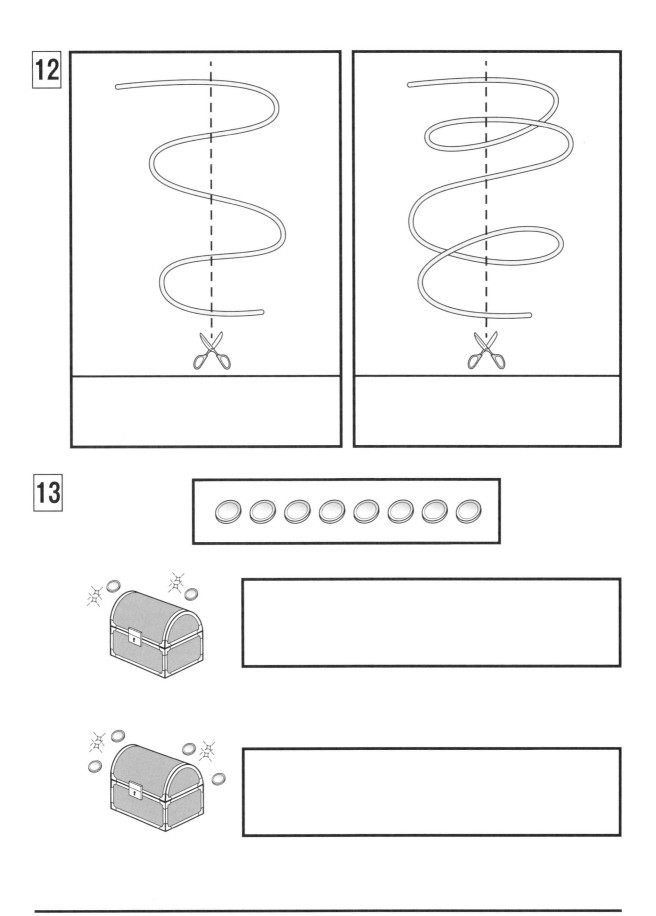

14

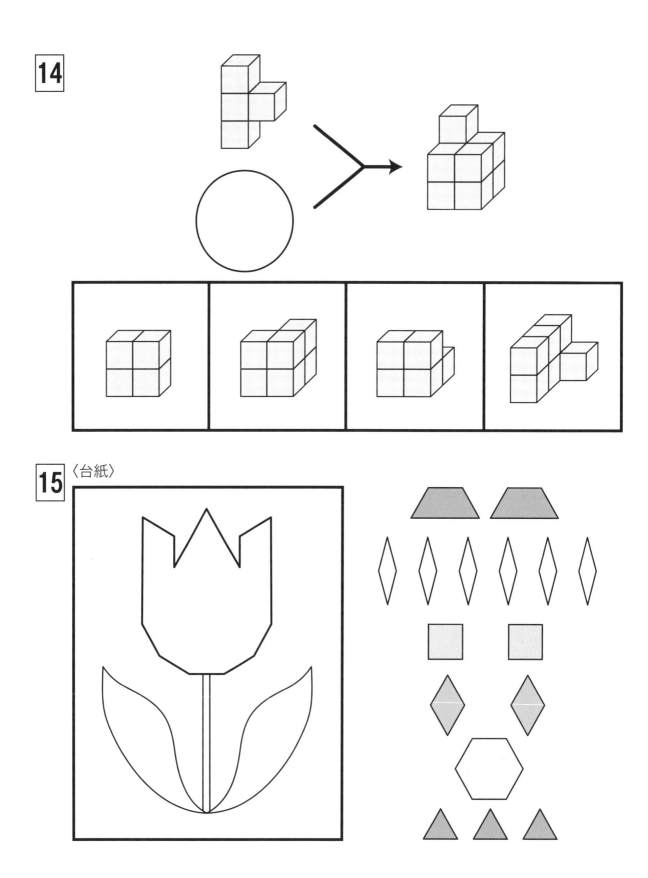

15 〈台紙〉

2022 立命館小学校入試問題

解答は解答例020〜021ページ

■ 選抜方法

考査は1日で月齢別のグループ（約16人）に分かれ、ペーパーテスト、集団テストを行う。所要時間は約2時間。
考査日前の指定日時に親子面接がある。

┃ ペーパーテスト ┃ 筆記用具は鉛筆を使用し、訂正方法は消しゴム。出題方法は音声。

1 常 識

- ・左側に描いてあるものと、違う季節のものを選んで○をつけましょう。
- ・左側に描いてあるものの、1つ前の季節のものを選んで○をつけましょう。
- ・左側に描いてあるものと、仲よしでないものを選んで○をつけましょう。
- ・左側に描いてあるものと、季節が違うものを選んで○をつけましょう。

2 言語（しりとり）

- ・それぞれの段でしりとりをします。最後になるものを選んで○をつけましょう。

3 言 語

- ・それぞれの段で、左側のものと名前の音の数が同じものを、右側から選んで○をつけましょう。

4 話の記憶

「みつきちゃんは今日、お父さん、お母さん、お兄ちゃん、妹とピクニックに行きました。お兄ちゃ
んは虫カゴと虫捕り網と虫眼鏡、妹は縄跳び、みつきちゃんはクレヨンとスケッチブックを持ちまし
た。そして子どもたち3人は全員がタオルを持ち、それぞれお気に入りの帽子をかぶって出かけまし
た。森の広場に着くとすぐに、みつきちゃんと妹はかけっこをして遊びました。お兄ちゃんはお父さ
んと一緒に虫捕りをしました。最後に妹は、お兄ちゃんに虫眼鏡を借りて虫を探しました。みつきち
ゃんは、スケッチブックにクレヨンでお絵描きをしました」

- ・みつきちゃんがピクニックに持っていったものに○をつけましょう。
- ・みつきちゃんの妹は、最後に何をしましたか。したことに○をつけましょう。

5 記 憶

- ・お手本をよく見ましょう（右側を隠して左側のお手本を20秒見せた後、左側のお手本を隠して右側
を見せる）。先ほどのお手本にあった絵に○をつけましょう。

6 数 量

- ・上の四角にあるように、電車が7両つながっています。下のようにトンネルを通っているとき、ト

ンネルには何両の電車が隠れていますか。隠れている数だけ、マス目に1つずつ○をかきましょう。

7 数　量

・左側の積み木と同じ数の積み木を右側から選び、点と点を線で結びましょう。

8 数量（対応）

・左側の四角の中で、メロンとパイナップルのセット、バナナとミカンのセットはそれぞれいくつできますか。できるセットの数だけ、それぞれのマス目に1つずつ○をかきましょう。

9 常　識

・トイレに行った後、手を洗いました。正しいことをしている動物に○をつけましょう。
・駅のホームの様子が描いてあります。正しいことをしている動物に○をつけましょう。

10 数　量

・黒い三角のパズルで作った左上のお手本を見てください。お手本よりもパズルの数が多いものを選んで○をつけましょう。

11 推理・思考（絵の順番）

・4枚の絵を正しい順番に並べ替えたとき、最後に来る絵を選び○をつけましょう。

12 推理・思考（条件迷路）

・ウサギが今いるところからスタートして、旗が立っているゴールまでサツマイモを取りながら進んで行きます。途中でモグラに会うとサツマイモを1本あげなければ通れず、同じ道は一度しか通れません。できるだけたくさんのサツマイモを取ってゴールしたとき、ウサギは何本のサツマイモを持っていますか。サツマイモの数だけ、下のマス目に1つずつ○をかきましょう。

13 推理・思考（対称図形）

・上のお手本を下にパタンと倒すと、マス目の印はどのようになりますか。下のマス目にそれぞれの印をかきましょう。

集団テスト

トレーの中に折り紙、輪投げの輪、縄跳びが用意されている。

■ 巧緻性

折り方の手順がモニターに映し出される。
・折り方をよく見て、折り紙でパクパクを作りましょう。できあがったらトレーに置きましょう。

■ 集団ゲーム

トレーから輪を取り、両手に1つずつ持つ。テスターが「タンタン……」とたたくタンバリンの音の

数と同じ人数のお友達とグループになり、しゃがんでお互いの輪をくっつける。「シャラララ〜」とタンバリンを振る音がしたら離れる。これを数回くり返す。

言語・発表力

頑張ったことや楽しかったこと、困ったことなど、今日のことについてテスターから質問される。挙手をして、指名されたらお話しする。

縄跳び

テスターの指示があるまで前跳びを続ける。「やめ」という指示で、縄をトレーに片づける。3人ずつ行う。

親 子 面 接

先に子どものみ面接室に入室し、持参した課題画について質問される。その後、保護者が合流する。

本 人

※事前に自宅で「家族との楽しかった思い出」をテーマに鉛筆で絵を描き、当日持参する。その絵について質問される。

・何をしているところを描いたのですか。
・誰が何をしていますか。
・どこの絵ですか。周りにはどんなものがありますか。
・なぜ、この絵を描いたのですか。
・ほかにどんな絵を描いてみたいですか。
（保護者が合流する）
・お名前を教えてください。
・幼稚園（保育園）の名前、クラスの名前、担任の先生の名前を教えてください。
・どんな幼稚園（保育園）ですか。
・幼稚園（保育園）での一番の楽しみは何ですか。
・仲よしのお友達の名前を教えてください。そのお友達とはどんな遊びをしますか。けんかはしますか。
・好きな本は何ですか。それはどのようなお話ですか。そのお話を読むとどんな気持ちになりますか。
・お家ではお手伝いをしますか。それはどんなお手伝いですか。お手伝いをした後、お家の人は何と言ってくれますか。
・お父さん、お母さんにはどんなときにほめられますか。
・お父さん、お母さんと何をして遊びますか。
・今、頑張っていることは何ですか。
・習い事はしていますか。何を習っていますか。その習い事をしているときはどんな気持ちですか。
・小学生になったら何をしたいですか。何を頑張りたいですか。それはどうしてですか。
・小学生になったらどんな本を読みたいですか。

父 親

・自己紹介をしてください。

・志望理由をお聞かせください。

・12年間の一貫教育についてどう思っていますか。メリット、デメリットなどお聞かせください。

・学校イベントに参加された中で、一番印象に残っていることはどんなことですか。

・家庭教育で大切にしていること、心掛けていることは何ですか。

・通学経路と所要時間をお聞かせください。

・どんなお子さんですか。幼稚園（保育園）の先生からはどのように聞いていますか。

・この夏の、心に残ったエピソードを教えてください。

母　親

・自己紹介をしてください。

・志望理由をお聞かせください。

・本校に期待することはどのようなことですか。

・私立小学校の受験を決めたのはいつごろですか。

・子育てで一番うれしかったことと、難しいと感じたことをお聞かせください。

・今、通っている幼稚園（保育園）を選んだ理由は何ですか。

・習い事を始めたきっかけは、保護者からの働きかけですか。本人の希望ですか。

・本校に入学して、お子さんはどのように伸びると思いますか。

面接資料／アンケート　Web出願時に面接カードを入力する。以下のような項目がある。

・家族の続柄、氏名、備考。

・志願者のきょうだいについて立命館小学校在学生の有無。

・志望理由。

・家庭の教育方針。

・志願者の長所や短所、特技、現在頑張っていること。

※ほかに出願の中で、以下のような項目がある。

・本校第一希望（本校のみ受験／他校も受験）、他校第一希望の別。

・志願者の氏名、性別、生年月日、住所、在園の状況。

・志願者の写真。面接に出席する保護者の写真のアップロード。

1

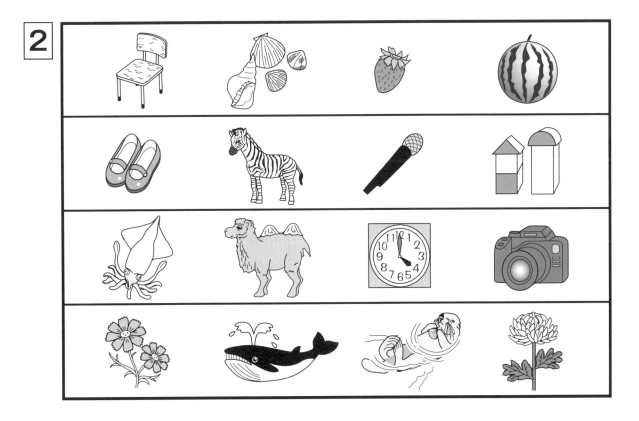

2

3

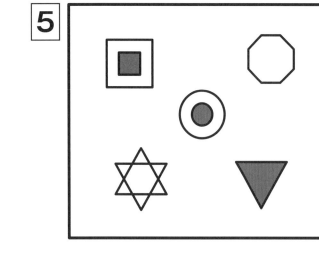

4

5

6

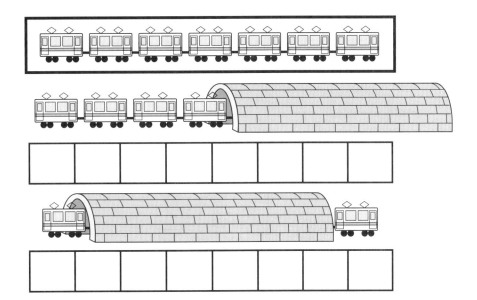

7

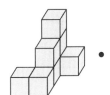

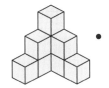

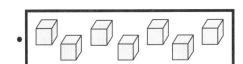

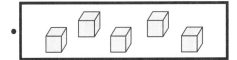

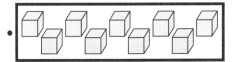

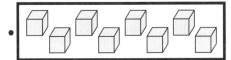

8

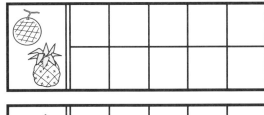

10

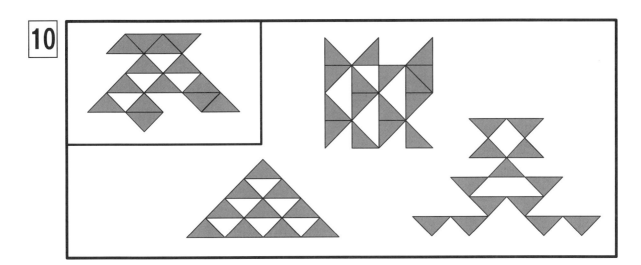

11

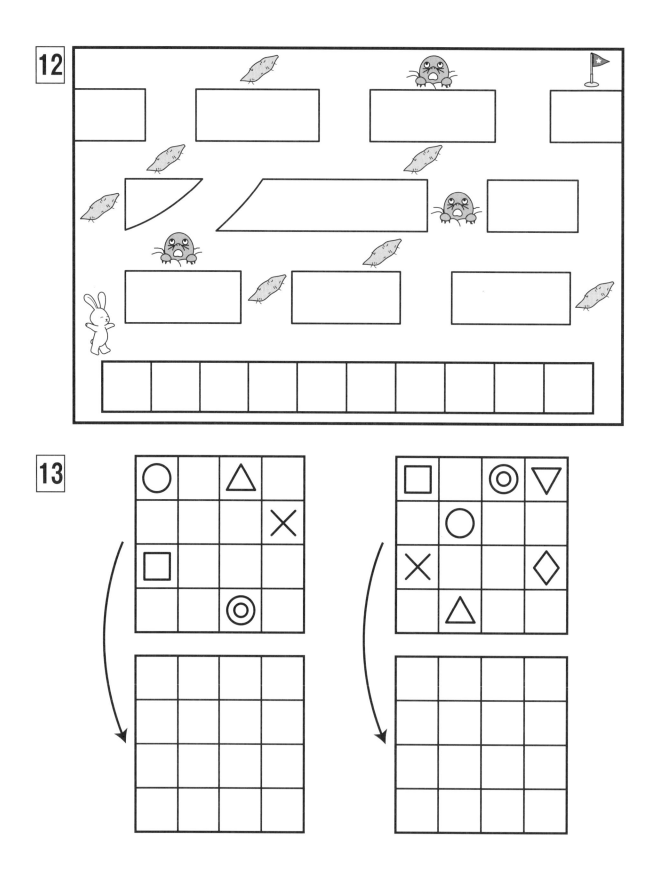

2021 立命館小学校入試問題

解答は解答例021〜022ページ

■ 選抜方法

考査は1日で、月齢別のグループ(約12人)に分かれ、ペーパーテスト、集団テストを行う。所要時間は約2時間。
考査日前の指定日時に親子面接がある。

■ ペーパーテスト ‖ 筆記用具は鉛筆を使用し、訂正方法は消しゴム。出題方法は音声。

1 話の記憶

「今日はとてもよいお天気です。いさお君は公園に遊びに行くことにしました。出かける前にお母さんが『いさお、今日は太陽がまぶしいから帽子をかぶっていきなさいね。それと、水筒も忘れずに持っていきなさいね』と言いました。いさお君は『はーい。行ってきまーす』と言い、元気に公園に向かいました。公園に着くと、『まずはすべり台で遊ぼう』。いさお君はすべり台が大好きなのです。その次はシーソーです。『お友達がいないと遊べないな』と思っていると、『一緒に遊ぼう』とお友達のけいた君が来ました。2人でシーソーで遊んだ後、最後は砂場で遊びました。楽しく遊んでいたら、もう夕方です。いさお君たちは『また、一緒に遊ぼうね』とお約束をしてお家に帰りました。お家に帰ると、まずは手洗いとうがいをします。『いさお、夕ごはんができたから、テーブルに運んでくれる?』とお母さんが言ったので、いさお君は『うん、わかった』とお母さんのお手伝いをしました。楽しい一日はあっと言う間に過ぎていきました」

・いさお君が公園に行くときに持っていったものに○をつけましょう。
・いさお君は公園に着いて最初に何で遊びましたか。遊んだものに○をつけましょう。
・いさお君がお家に帰って最初にしたことに○をつけましょう。

2 話の理解・常識

「ネズミさんとサルさんが幼稚園のお部屋の中でいすの取り合いをしています。それを見たキツネ君が『いす取りゲームみたいで楽しそうだね』と言いました。クマ君は『いすの取り合いは危ないからやめた方がいいよ』と言いました」

・みんなのためになることを言った動物に○をつけましょう。

「イヌ君とタヌキさんが横断歩道を渡ろうとしています。そのとき、信号が黄色に変わりました。それを見たライオン君が『早く渡ろうよ。車が来ていないからだいじょうぶだよ』と言いました。ネコさんは『黄色はすぐに赤になるから、危ないわ。止まって次の青信号になるまで、待ちましょう』と言いました」

・正しいことを言った動物に○をつけましょう。

3 常識（生活）

・お部屋の様子が描いてあります。お片づけをしなければいけないものに○をつけましょう。

4 言語（同頭語）

・左側に描いてあるものと、名前の最初の音が同じものに○をつけましょう。

5 言　語

・上に並んだ四角のお手本と同じように、真ん中の音が「ク」のものに○をつけましょう。

6 数　量

・左側と右側に描いてある積み木はそれぞれいくつですか。その数だけ下の四角に○をかきましょう。

7 観察力（同図形発見）

・左上の四角にかいてあるお手本と同じものを、2つ見つけて○をつけましょう。

8 言語（しりとり）

・それぞれの段でしりとりをします。全部つなげることができた段の、左端の四角に○をかきましょう。

9 数　量

・絵の数だけクッキーがあります。お父さんは4枚、お母さんは3枚食べました。残りは何枚になりますか。その数だけ下のマス目に1つずつ○をかきましょう。

10 推理・思考（比較）

・たろう君が左下のお家から動物園にお出かけをします。2番目に早く着く道に○をつけましょう。

11 構　成

・上の段のお手本のように、左側の3枚の形を使ってできる形を矢印の右から選び、○をつけましょう。形は向きを変えてもよいですが、裏返してはいけません。

12 常識（季節）

・上の段と真ん中の段、そして下の段から同じ季節のものを選び、それぞれの点と点を線で結びましょう。

13 常　識

・左側に描いてあるものは何からできていますか。右側から選び、○をつけましょう。

14 数量（マジックボックス）

一番上がお約束です。2匹のタヌキが丸印の箱を通ると、1匹増えて3匹になります。5匹のタヌキが星印の箱を通ると、2匹減って3匹になります。
・下の2段を見てください。それぞれ丸印や星印の箱を通ると、タヌキは何匹になりますか。その数

だけ下のマス目に○をかきましょう。

・先ほどと同じお約束で、今度はキツネが箱を通ります。一番上の段を見てください。1匹のキツネが丸印、丸印、星印の順番で箱を通ると、最後は1匹になりました。このようにキツネが箱を通り、最後に4匹になる段はどれですか。左端の四角に○をかきましょう。

15 言　語

・左側に描いてあるものの名前の最初の音を並べ替えると何になりますか。右側から選び、○をつけましょう。

16 推理・思考（回転図形）

・左端の形を矢印の方向に1回倒すとどのようになりますか。正しいものを右から選んで○をつけましょう。

17 構　成

・左の形を作るのに使わない形を右側から選び、○をつけましょう。

集団テスト

18 巧緻性

リスがドングリを採りに行く道が描いてある台紙、葉っぱが描いてある台紙2枚、クーピーペン12色、消しゴム、液体のりが入ったトレーが用意されている。

・リスさんがドングリを採りに行きます。通った道に好きな色で線を引きましょう。
・台紙に描かれた葉っぱに、秋の様子になるよう色を塗りましょう。
・葉っぱを周りの線に沿ってはさみで切りましょう。
・切った葉っぱの裏にのりをつけ、もう1枚の台紙に描かれた点線にピッタリと合わせて貼りましょう。

集団ゲーム

新聞紙を丸めて細い筒状にしたものと、輪投げの輪が用意されている。子どもたちはグループごとにライン上に横向きに並んで、新聞紙の筒を1人1本ずつ持つ。先頭の子が輪を筒に通し「どうぞ」と声をかけて隣の子の筒にかけ、そのくり返しでどんどん横へ送っていく。輪を落としたときは渡す側の子が拾い、その場からやり直す。横方向に往復したら、縦の列でも同様に行う。元の場所に輪が戻ってきたら全員が体操座りをして待つ。

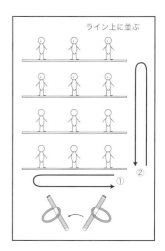

🔲 模倣体操

・テスターと同じようにタンバリンの音に合わせてその場で足踏みをする。音の速さに合わせて足踏みの速さを変える。音が止まったら止まる。
・胸の前で2回手拍子をし、テスターの行うポーズのまねをする。

┃ 親 子 面 接 ┃ 先に子どものみ面接室に入室し、持参した課題画について質問される。その後、保護者が合流する。

本 人

※今年度は時間短縮のため、事前に自宅で「家族で楽しかったこと」をテーマに鉛筆で絵を描き、当日課題画として持参。その絵について質問される。
・どんな遊びをしているところですか。
・誰が何をしていますか。
・なぜ、この絵を描いたのですか。
・ほかにどんな絵を描いてみたいですか。
（保護者が合流する）
・お名前を教えてください。
・幼稚園（保育園）の名前、クラスの名前、担任の先生の名前を教えてください。
・お誕生日はいつですか。お誕生日が来たら何歳になりますか。
・いつもは誰と遊んでいますか。仲よしのお友達の名前を教えてください。
・お休みの日には何をしていますか。
・好きな本は何ですか。それはどのようなお話ですか。なぜその本が好きなのですか。
・好きな野菜は何ですか。
・お家ではお手伝いをしますか。それはどんなお手伝いですか。
・お父さん、お母さんにどんなときにほめられますか。
・きょうだいはいますか。きょうだいの名前を教えてください。
・きょうだいげんかはしますか。何が原因で、そのときはどうしますか。
・何かおけいこはしていますか。何を習っていますか。
・今、頑張っていることは何ですか。
・あなたの得意なことは何ですか。
・小学生になったら何をしたいですか。何を頑張りたいですか。
・大きくなったらどんな仕事をしたいですか。それはなぜですか。

父 親

・自己紹介をしてください。
・志望理由をお聞かせください。
・12年間の一貫教育についてどう思っていますか。メリット、デメリットなどをお聞かせください。
・ＩＣＴ教育についてどうお考えですか。
・4つの柱の中で大事なことは何だとお考えですか。それについてご家庭で気をつけていることはど

のようなことですか。

・普段お子さんとはどのようにかかわっていますか。

・ご両親でお子さんの教育方針について話をしますか。

・お子さんの長所、短所、これから伸ばしていきたいところはどのようなところですか。

・お子さんが成長したと思うのはどんなときですか。

母　親

・自己紹介をしてください。

・志望理由をお聞かせください。

・12年間の一貫教育についてどう思っていますか。メリット、デメリットなどをお聞かせください。

・ＩＣＴ教育についてどうお考えですか。

・立命館小学校の４つの柱の中で大事なことは何だと思いますか。それについてご家庭で気をつけて
　いることはどのようなことですか。

・なぜ、私立小学校の受験を考えたのですか。それはいつごろ決めましたか。

・お子さんのよいところはどこですか。具体例を挙げてお話しください。

・子育てにおいてのやりがいと難しいところは何ですか。

・子育てにおいてご主人のどのようなところを尊敬していますか。

面接資料／アンケート　Ｗｅｂ出願時に面接カードを入力する。以下のような項目がある。

・家族の続柄、氏名、備考。

・志願者のきょうだいについて立命館小学校在学生の有無。

・志望理由。

・家庭の教育方針。

・志望者の長所や短所、特技、現在頑張っていること。

※ほかに出願の中で、以下のような項目がある。

・本校第一希望（本校のみ受験／他校も受験）、他校第一希望の別。

・志願者の氏名、性別、生年月日、住所、在園の状況。

・志願者の写真、面接に出席する保護者の写真のアップロード。

1

2

3

4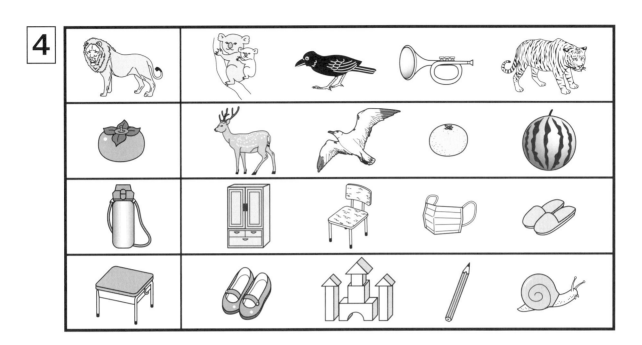

5

6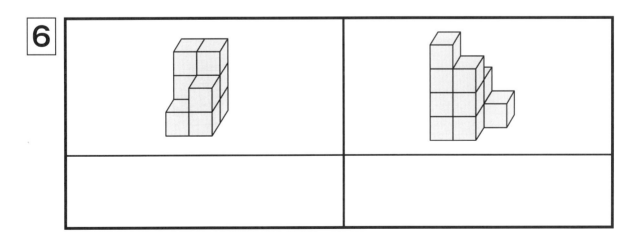

7

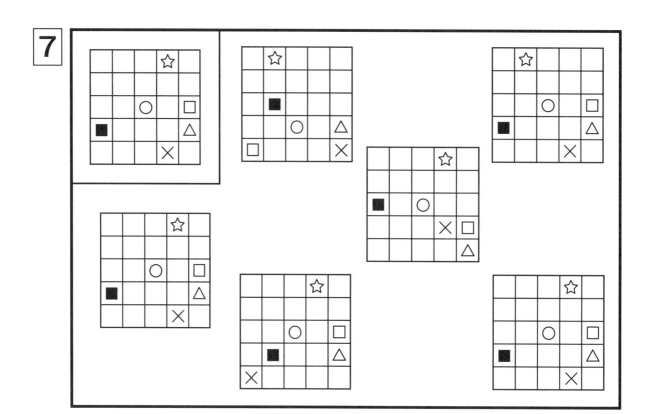

8

9

10

11

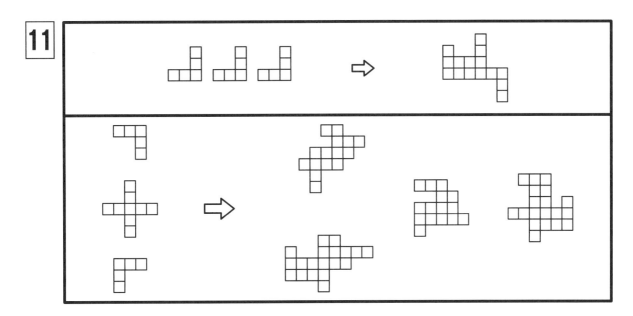

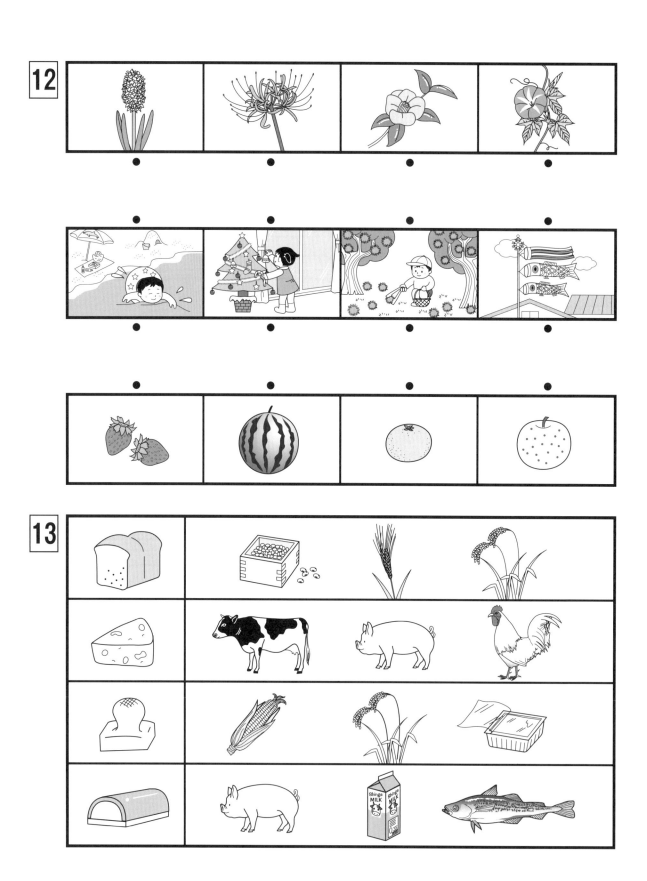

14

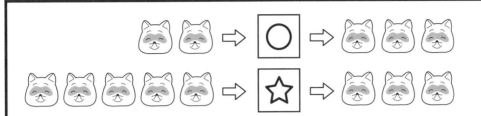

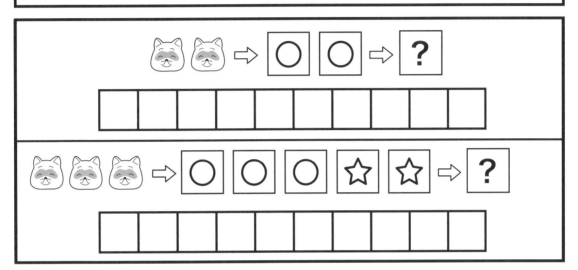

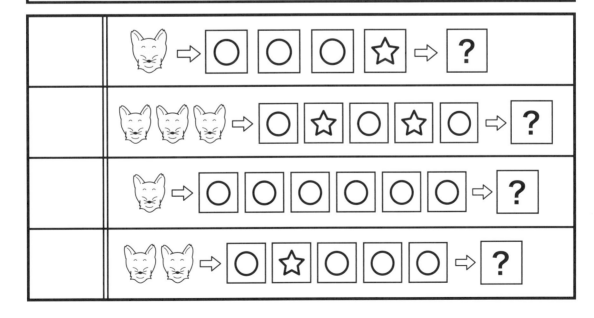

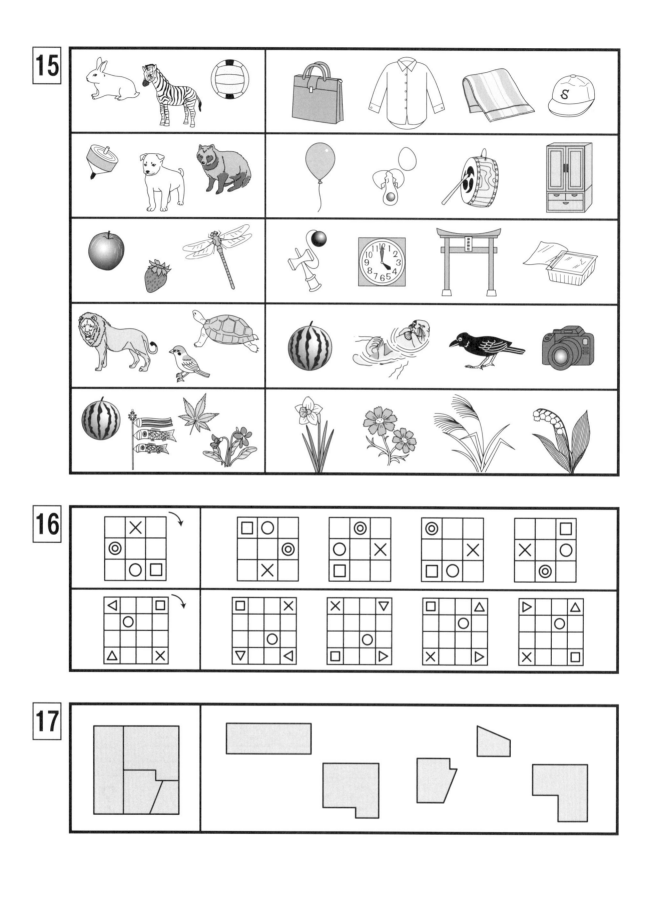

18

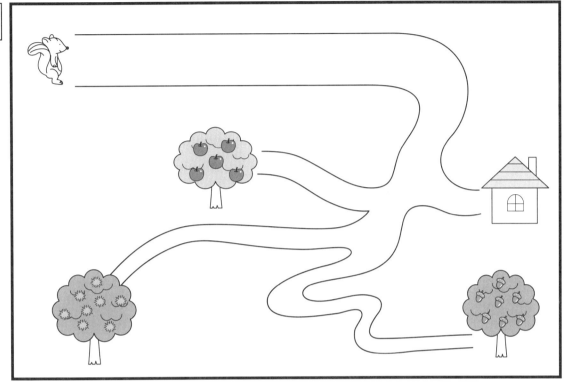

〈台紙１〉

〈台紙２〉

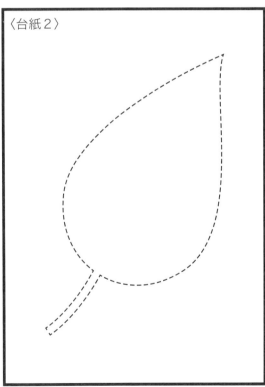

2020 立命館小学校入試問題

解答は解答例022〜023ページ

■ 選抜方法

考査は1日で、月齢別のグループ（約15人）に分かれ、ペーパーテスト、集団テストを行う。所要時間は約2時間。考査日前の指定日時に個別テストと親子面接がある。

┃ ペーパーテスト ┃ 筆記用具は鉛筆を使用し、訂正方法は消しゴム。出題方法は音声。

1 話の記憶

「今日は幼稚園の遠足で動物園に行きます。『お天気がよくて暑くなるので、帽子を持ってきてください』と先生に言われていました。動物園では、パンダ、ライオン、トラ、ゾウ、ウサギを見ました」

・遠足で行ったところに○をつけましょう。
・先生に持ってきてくださいと言われたものに○をつけましょう。
・動物園で見なかった動物に○をつけましょう。

2 言 語

・左端のお手本と名前の音の数が同じものを2つ選んで、○をつけましょう。

3 常識（季節）

・上の絵と同じ季節のものを下から選んで、点と点を線で結びましょう。

4 言語（しりとり）

・しりとりでつながるように、それぞれの場所に入るものに○をつけましょう。

5 常識（生活）

・左はテーブルの上にある料理です。ほかに、何を食べたら栄養のバランスがよくなりますか。右から選んで○をつけましょう。

6 数 量

・積み木の数だけ下のマス目に1つずつ○をかきましょう。

7 観察力（同図形発見）

・上と下から同じ絵同士を選んで、点と点を線で結びましょう。

8 数 量

・一番数が多いものはいくつありますか。その数だけ下のマス目に1つずつ○をかきましょう。

9 記　憶

・左のお手本をよく見ましょう（右側を隠して左側のお手本を20秒見せた後、左側のお手本を隠して右側を見せる）。先ほどのお手本にあった絵に○をつけましょう。

10 構　成

・お手本の三角をすべて使ってできる形に○をつけましょう。

11 点図形

・左のお手本を真ん中の線でパタンと右に倒すと、どのようになりますか。右側にかきましょう。

集団テスト

🔲 生活習慣

はし、1cm大のプラスチック製ブロックと1cm大の丸いふわふわの飾りが合わせて20個程度載った紙皿、紙コップ1個が用意されている。

・お皿の上のものを、おはしで紙コップに移しましょう。

12 巧緻性

A5判の台紙2種類、綴じひも1本、クーピーペン12色、鉛筆、消しゴムの入ったトレーが用意されている。

・台紙に描かれた太陽と草の点線を鉛筆でなぞり、太陽の内側は赤のクーピーペンで塗りましょう。
・もう1枚の台紙に描かれたシャツに、好きな絵や模様を描いたり塗ったりしましょう。
・シャツの台紙が上になるようにして台紙2枚を重ね、上の穴にひもを通して好きな結び方で結びましょう（ひもの通し方はテスターによるお手本がある）。

🔲 行動観察

4人ずつのグループに分かれて行う。グループごとに、約3cm大の立方体の積み木20個程度を使ってタワーを作る。「やめましょう」と言われたら、元の位置に戻って座る。

🔲 指示行動

・テスターと同じようにその場で足踏みする。
・片足バランスを30秒程度、左右の足ともに行う。
・太鼓が鳴っている間、その場で駆け足をする。太鼓の音がやんだら止まる。
・テスターと同じように、ジャンプをしながら空中で手をたたく動きをくり返す。1回跳んでいる間に手を1回たたいたり2回たたいたりする。

個別テスト

親子面接の前に子どもは別室で絵画の課題を行う。描いた絵を持って先に面接室に入室し、質問に答える。

🔖 絵画（課題画）

・「一緒に遊ぼう！」というテーマの絵を鉛筆で描きましょう。

🔖 言　語

描いた絵について質問される。

・どんな遊びをしているところですか。

・誰と遊んでいるのですか。何がありますか。

親 子 面 接　│　面接室で子どもと合流し親子面接を受ける。

本　人

・お名前を教えてください。

・幼稚園（保育園）の名前、クラスの名前、担任の先生の名前を教えてください。

・お誕生日はいつですか。お誕生日が来たら何歳になりますか。

・お父さん、お母さんのどのようなところが好きですか。

・好きな本は何ですか。それはどのようなお話ですか。なぜ好きなのですか。

・得意なことは何ですか。

・お休みの日にしていることは何ですか。

・お手伝いはしますか。何をしますか。どのようにしますか。

・おけいこは何をしていますか。

・夏休みに楽しかったことは何ですか。

・今頑張っていることはありますか。何が特に大変ですか。

・小学校でしたいことや頑張りたいことを2つ教えてください。

父　親

・自己紹介をしてください。

・志望理由をお聞かせください。

・立命館小学校の4つの柱の中で、大事だと思うことは何ですか。それはなぜですか。

・お子さんの長所と短所を教えてください。

・願書に書かれた内容以外に、もう1つお子さんの長所を挙げるとしたら何ですか。

・休みの日はお子さんとどのように過ごしていますか。

・子どもへの教育では、何を重視していますか。

・しつけについて、お家でどのようにしていますか。

・12年一貫教育について、どのように思っていますか。

・お子さんに、どのような子どもになってほしいですか。

母　親

・自己紹介をしてください。

・ご主人のお話しされた志望動機につけ加えることはありますか。

・立命館小学校のよいところはどのようなところですか。

・体験学習の中で印象的だったことをお聞かせください。

・子どもとの時間をどのようにとっていますか。

・しつけについて、お家でどのようにしていますか。

・お子さんの受験勉強を通して身についたこと、成長したことは何ですか。

・お子さんに、どのような子どもになってほしいですか。

面接資料／アンケート

Web出願時に面接カードを入力する。以下のような項目がある。

・家族の続柄、氏名、備考。

・志願者のきょうだいについて立命館小学校在学の有無。

・志望理由。

・家庭の教育方針。

・志願者の長所や短所、特技、現在頑張っていること。

※ほかに出願の中で、以下のような項目がある。

・本校第一希望（本校のみ受験／他校も受験）、他校第一希望の別。

・志願者の氏名、性別、生年月日、住所、在園の状況。

・志願者の写真、面接に出席する保護者の写真のアップロード。

1

2

3

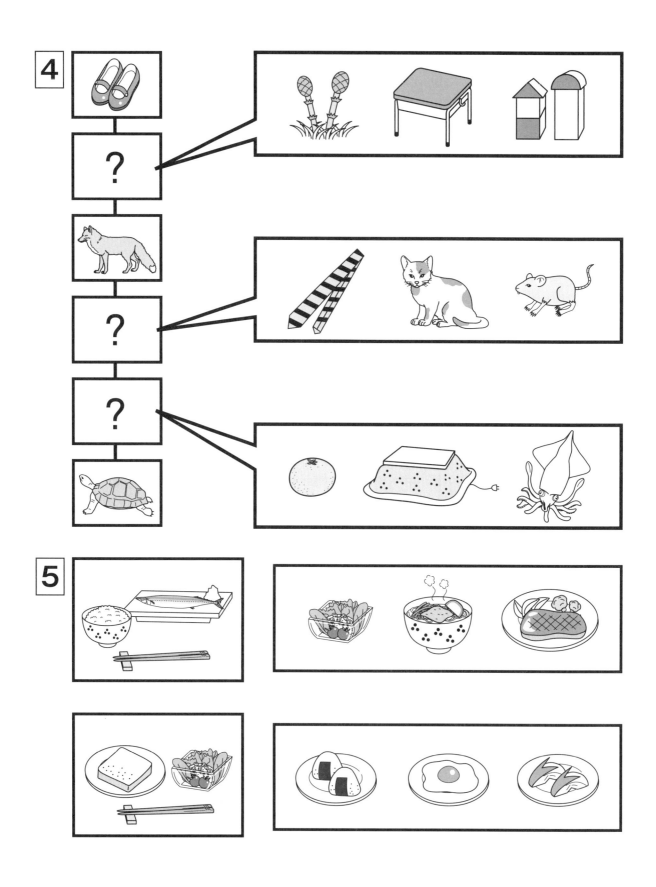

6

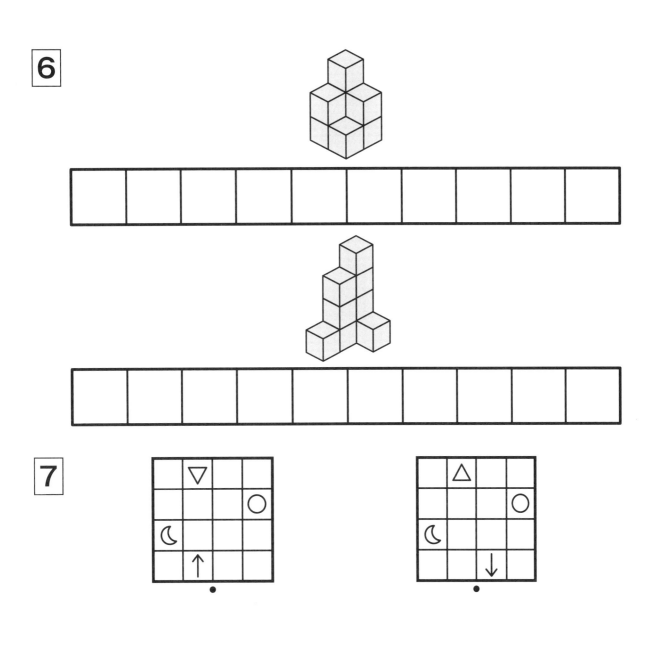

7

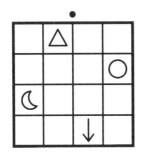

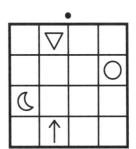

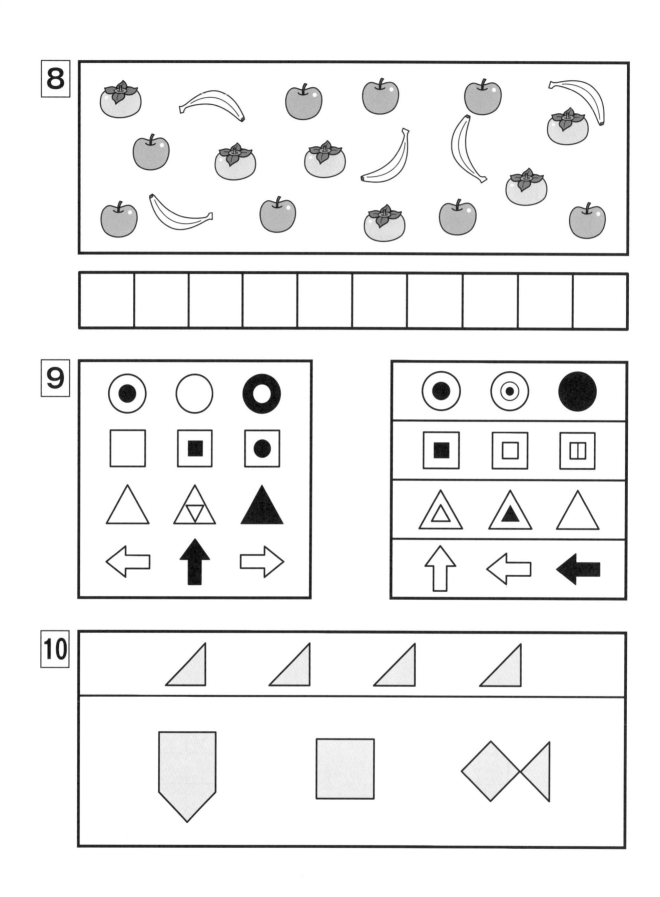

11

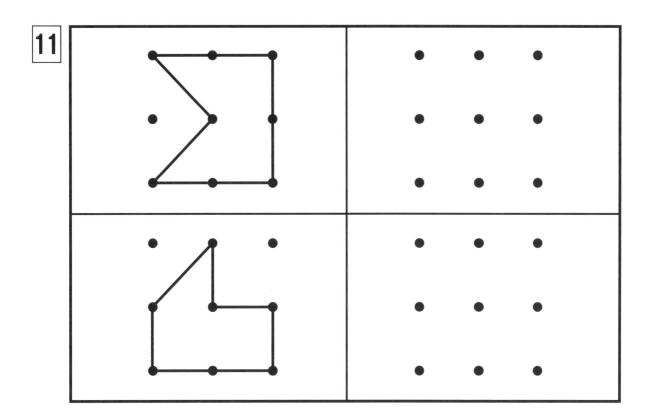

12

〈台紙1〉

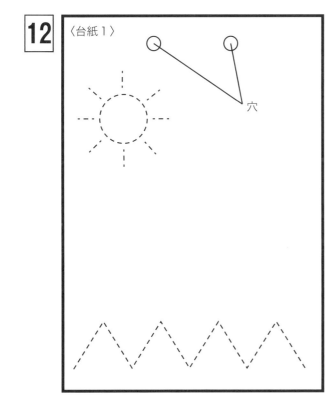

〈台紙2〉

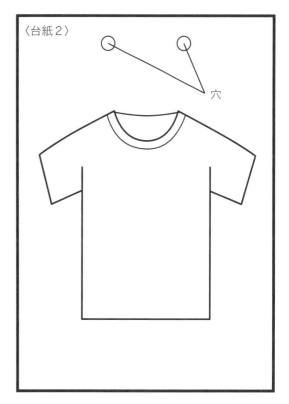

2019 立命館小学校入試問題

解答は解答例023〜024ページ

■ 選抜方法

考査は1日で、月齢別のグループに分かれ、ペーパーテスト、集団テストを行う。所要時間は約2時間。考査日前の指定日時に個別テストと親子面接がある。

┃ ペーパーテスト ┃ 筆記用具は鉛筆を使用し、訂正方法は消しゴム。出題方法は音声。

1 常識（季節）

・上の段と真ん中の段、そして下の段からそれぞれ同じ季節のものを見つけて、点と点を線で結びましょう。

2 言 語

・左端のものと名前の音の数が同じものを右から2つ選び、○をつけましょう。

3 言語（しりとり）

・長四角の中のものをしりとりでつなげたときに、最後になるものにそれぞれ○をつけましょう。

4 言 語

・「ザーザー」に合う絵に○をつけましょう。
・「絞る」に合う絵に○をつけましょう。
・「重ねる」に合う絵に○をつけましょう。

5 常識（交通道徳）

・電車に乗っているときに、隣の人の足を踏んでしまいました。ライオンさんは「わざとじゃないよ」と言いました。パンダさんは「ごめんなさい」と言いました。ゾウさんは知らんぷりをしました。正しいことをした動物に○をつけましょう。
・駅のホームで電車を待っています。サル君は静かにしています。イヌ君はお友達と大きな声でおしゃべりをしています。ウサギ君はお友達とオニごっこをしています。正しいことをしている動物に○をつけましょう。

6 記 憶

・お手本をよく見ましょう（左の絵を見せた後隠し、右の絵を見せる）。お手本にあった印をそれぞれの段から選び、○をつけましょう。

7 位 置

・左のお手本と同じになるように、右のマス目に印をかきましょう。

8 推理・思考（重さ比べ）

・シーソーで重さ比べをしました。左がお約束です。では、右上のシーソーがつり合うには、右側の四角のところに白い小さい玉をいくつ載せるとよいですか。その数だけ下の長四角に○をかきましょう。

9 推理・思考

・上の四角がお手本です。お手本の上の段を見ましょう。初めにリンゴが2個あって、後から3個増えたときはこのようにかきます。下の段を見ましょう。初めにリンゴが5個あって、後から3個減ったときはこのようにかきます。では、左下です。初めにブタが1匹いて、後から3匹増えた様子を表しているのはどれですか。左端の四角に○をかきましょう。

・その右です。初めにタヌキが4匹いて、後から1匹減った様子を表しているのはどれですか。左端の四角に○をかきましょう。

10 推理・思考（回転図形）

・おにぎりをコロコロ転がしていきました。クエスチョンマークのおにぎりはどのようになっているでしょうか。下から選び○をつけましょう。

11 推理・思考（進み方）

・左上のスタートの矢印からゴールの矢印まで、ロケットの向いている方向に進みながら線を引きましょう。

12 数量（すごろく）

・動物たちがすごろく遊びをしています。ライオン君とパンダさんが2回ずつサイコロを振り、出た目の数だけ進みました。進んだマス目に○をかきましょう。

・コアラ君が2回サイコロを振り、丸のついたマス目まで進みました。2回目のサイコロは、どの目が出ましたか。下から選んで○をつけましょう。

集団テスト

生活習慣

ボタンつきのスモックを着脱し、たたんで返す。

13 巧緻性

点線で太陽と雲、実線で虹と家の絵が描かれた台紙、鉛筆、クレヨンが用意されている。
・点線を鉛筆でなぞりましょう。
・お家の屋根を赤、窓を黄色、壁を青のクレヨンで塗りましょう。
・虹を好きな色で塗りましょう。

■ 積み木リレー

積み木が用意された机まで走っていき、積み木を全部積み、終わったら「ハイ」と告げる。テスター
に「いいですよ」と言われたら、積み木をカゴに片づけて元の場所に戻り、次の人にバトンタッチし
て座って待つ。

■ 縄跳び

4人ずつ行う。それぞれ縄跳びを始め、テスターの指示があるまで跳び続ける。

▋ 個別テスト ▋ 親子面接の前に子どもは別室で絵画の課題を行う。描いた絵を持って先に面接室に
入室し、質問に答える。

■ 絵画（課題画）

・「大好きな遊び」をしている絵を鉛筆で描きましょう。

■ 言　語

描いた絵について質問される。
・どんな遊びをしているところですか。

▋ 親 子 面 接 ▋ 面接室で子どもと合流し親子面接を受ける。

本 人

・お名前を教えてください。
・幼稚園（保育園）の名前を教えてください。
・担任の先生の名前を教えてください。
・お誕生日はいつですか。
・きょうだいの名前と年を教えてください。
・お家ではどんな遊びをしますか。
・お友達とけんかはしますか。どんなけんかですか。
・お父さん、お母さんのどんなところが好きですか。
・お父さんやお母さんにどんなときにほめられ（しかられ）ますか。
・小学校で何がしたいですか。
・お手伝いはしますか。
・好きな本は何ですか。その本のどんなところが好きですか。
・夏休みに楽しかったことは何ですか。

父 親

・自己紹介をしてください。
・志望動機をお聞かせください。

・ご家庭の教育方針をお話しください。
・子育てをしていて難しかったことは何ですか。
・お子さんには将来どのようになってほしいですか。
・本校に期待することは何ですか。

母　親

・自己紹介をしてください。
・ご主人の志望動機につけ加えることはありますか。
・子育てで気をつけていることを教えてください。

面接資料／アンケート

Web出願時に面接カードを入力する。以下のような項目がある。

・家族の続柄、氏名、備考。
・志願者のきょうだいについて立命館小学校在学の有無。
・志望理由。
・家庭の教育方針。
・志願者の長所や短所、特技、現在頑張っていること。

※ほかに出願の中で、以下のような項目がある。
・本校第一希望（本校のみ受験／他校も受験）、他校第一希望の別。
・志願者の氏名、性別、生年月日、住所、在園の状況。
・志願者の写真、面接に出席する保護者の写真のアップロード。

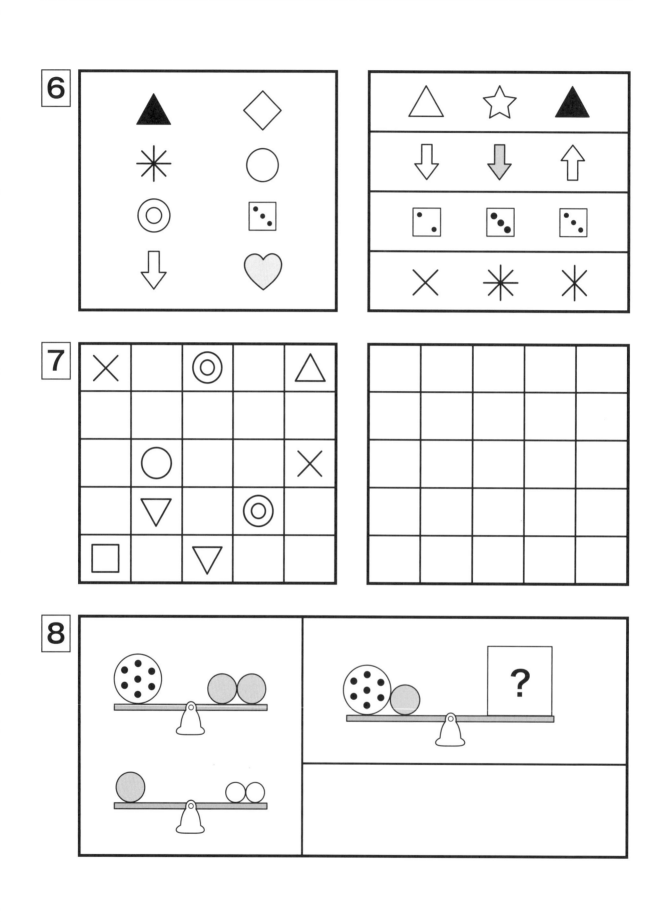

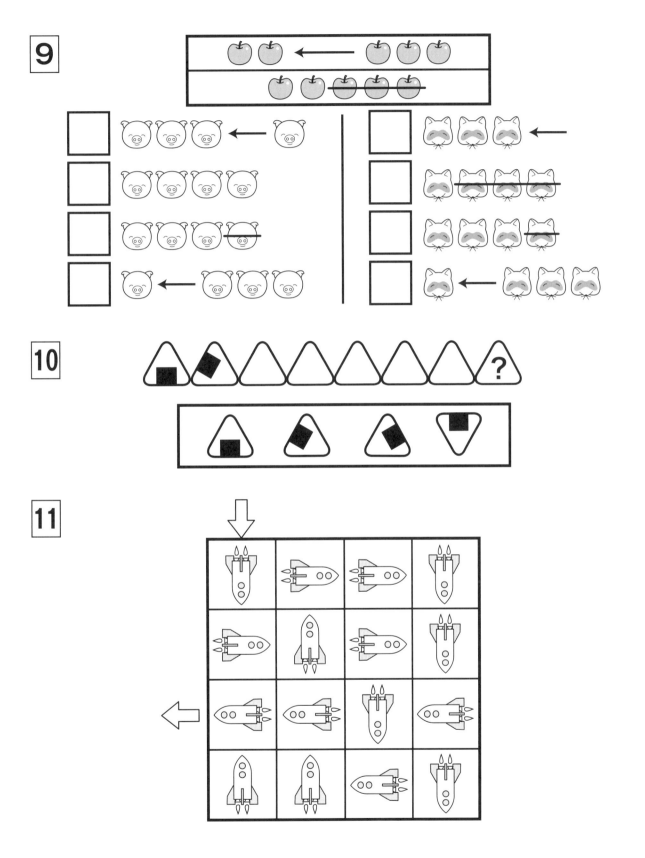

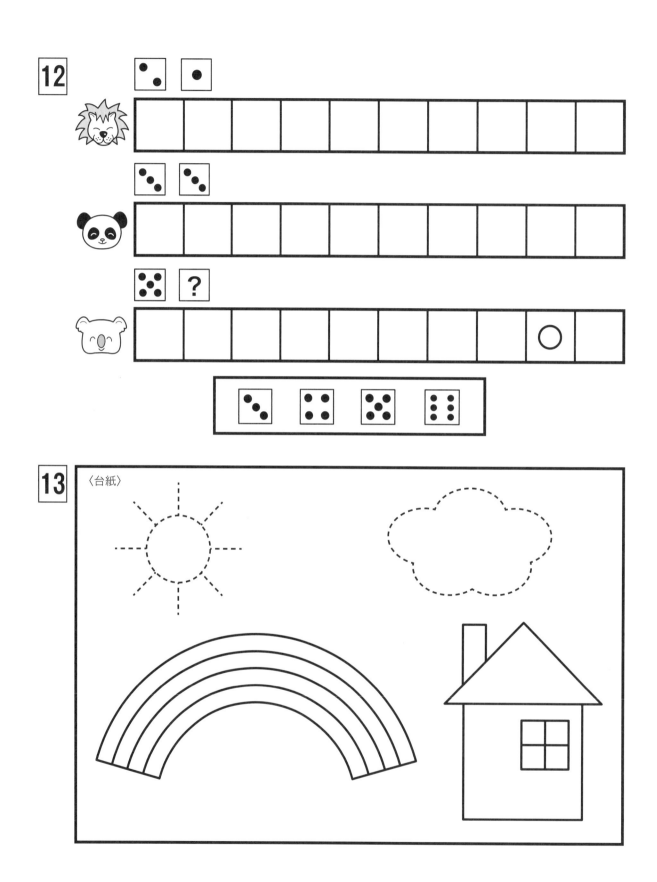

解答は解答例025〜026ページ

2023　洛南高等学校附属小学校入試問題

選抜方法

考査は1日で、男女混合の月齢で決められたグループ約25人単位でペーパーテスト、運動テストを行う。所要時間は約2時間。考査日前の指定日時に保護者面接がある。

ペーパーテスト

筆記用具は鉛筆を使用し、訂正方法は×（バツ印）または消しゴム。出題方法は音声。

1　話の記憶

「たけし君とたろう君は小学校に入学して2日目です。朝、学校に着くと自分の荷物をロッカーに片づけます。今日はロッカーの前に水筒が落ちていたので、先生が『みんな、自分の荷物をもう一度見直して整理しましょう。体操服はランドセルの右に、帽子はランドセルの上に、水筒はランドセルの左に置きましょう』と言いました。先生に言われた通りに片づけようと、たけし君は自分のロッカーに行きました。ランドセルを開けてみると、なんとすぐ下のロッカーのたろう君の帽子が入っているではありませんか。たけし君は驚いて、『これ、僕のランドセルに入っていたよ』とたろう君に渡そうとしました。するとたろう君は、『なんで、僕の帽子を取ったんだ！』と怒り出しました。『僕は取ってないよ！』2人はけんかになってしまいました。その様子を見ていた先生は、2人に『どうしてけんかになったの？』とわけを聞きました。それから2人はわけを話してお互いに謝って、仲直りをすることができました」

・たけし君のロッカーは黒いところです。たろう君のロッカーはどこですか。たろう君のロッカーに○をかきましょう。
・先生がお話ししたように正しく片づいているロッカーはどれですか。○をつけましょう。
・たけし君のランドセルからたろう君の帽子が見つかったとき、たろう君はどんな顔をしていたと思いますか。そのときの顔に○をつけましょう。

2　言語（しりとり）

・矢印の順にしりとりでつなげます。どのようなお約束のしりとりか考えて、四角の中からつながる絵を選んで○をつけましょう。

3　常　識

・男の子が駅で迷子になってしまいました。正しいことを言っている人に○をつけましょう。
おじいさん「楽しそうだね。一緒に遊ぼうか」
たろう君「駅員さんに言おう」
はなこさん「携帯電話で電話したら？」
おばあさん「だいじょうぶ？」

4 観察力

・2枚の絵で違うところを3つ見つけて○をつけましょう。○は右の絵につけてください。

5 数　量

・ハート、スペード、クローバーはそれぞれいくつありますか。その数だけ、マークの横に○をかきましょう。

6 推理・思考（折り図形）

・左のようにリボンを折って開くと、折り線はどのようになりますか。正しいものを右から選んで○をつけましょう。

7 常　識

今から流れる鳥の鳴き声を聞きましょう。

・（ウグイスの鳴き声が聞こえる）どの鳥の鳴き声ですか。1段目の絵から選んで○をつけましょう。
・（ハトの鳴き声が聞こえる）どの鳥の鳴き声ですか。2段目の絵から選んで○をつけましょう。
・（カラスの鳴き声が聞こえる）どの鳥の鳴き声ですか。3段目の絵から選んで○をつけましょう。

8 点図形

・上のお手本と同じお約束になるように、それぞれ右側にかきましょう。

9 言　語

・2段の絵を見て、左端の絵とのどのようなお約束かを考えて、右の絵を1つずつ選び○をつけましょう。お約束はどちらの段も同じです。

10 数　量

・左のマス目の印を数えて、多い方の印を多い数だけ右にかきましょう。

11 常識（季節）

・左から正しい季節の順番で並んでいる段を選んで、四角に○をかきましょう。

12 数量（対応）

・カレーライスをお皿1枚分作るのに、横にある数だけ野菜を使います。下のお皿の数だけ横の野菜でカレーライスを作ると、野菜はいくつ余りますか。余る数だけ、それぞれの野菜の横に○をかきましょう。

13 言　語

・左側の絵を見てお約束を考え、右の空いているところに入るものを隣の四角から選んで○をつけましょう。

14 **構　成**

　・左の形を作るのに、使わない形はどれですか。右側から1つ選んで○をつけましょう。形は向きを
　　変えずにそのまま使います。

15 **推理・思考（進み方）**

　・上を見てください。ネズミがチーズを取りながらマス目を進み、星印まで行きます。途中でクマに
　　会うと右に進み、ウサギに会うと左に進み、パンダに会うとそのまま真っすぐに進みます。左から
　　矢印の順番で動物に会いながら星印のところまで進むと、マス目のチーズはいくつ残りますか。残
　　っているチーズの数だけ、右の四角に○をかきましょう。

16 **常識（生活）**

　・それぞれの段から正しい様子の絵を選んで○をつけましょう。

17 **常識（昔話）**

　・それぞれの段の絵をお話の順番に並べたとき、2番目になる絵に○をつけましょう。

18 **構成・数量**

　・左の形は、上の小さな三角を何枚使うとできますか。三角の数だけ○をかきましょう。

19 **構　成**

　・左端の形を作るときに使わないものを、右から1つ選んで○をつけましょう。

20 **推理・思考**

　・ウマとイヌの積み木があります。そこにイノシシの積み木が落ちてくると、イヌの積み木が全部な
　　くなるお約束です。では、左のようにイノシシの積み木が落ちてくると、積み木はどのような形に
　　なりますか。正しいものを右から選んで○をつけましょう。

21 **推理・思考（展開図）**

　・点線で折って組み立てると、サイコロの形ができるものを選んで○をつけましょう。

22 **推理・思考（重ね図形）**

　・透明な紙にかいてある絵をそのまま重ねると、どのようになりますか。正しいものを右側から選ん
　　で○をつけましょう。

23 **数　量**

　・数が一番多い積み木に○をつけましょう。

24 **数量（対応）**

　・お菓子を作るのに、上のお約束の量だけ牛乳を使います。牛乳は小さいカップ2杯で大きいカップ

1杯分になります。では、左のお菓子を作るとき、右の牛乳で残るものに○をつけましょう。

25 位置・置換

・左のマス目の印を上のお約束で置き換えて、右のマス目にかき足しましょう。

運動テスト

1列に並んで待ち、先頭の人がスタート地点に着いたら次の人は所定の位置で待つ。1人ずつ順番に課題を行い、終わったら元の場所に並ぶ。

行 進

スタートからゴールまで真っすぐ歩く。

スキップ

スタートからゴールまでスキップで進む。

ギャロップ

スタートからゴールまで横向きのギャロップで進む。

ケンケン

スタートから左足ケンケンでコース途中のコーンまで進み、コーンからゴールまで右足ケンケンで進む。

ケンケンパー

スタートからゴールまでケンケンパーで進む。途中のコーンまでケンケンは右足で、コーンからゴールまでは左足で行う。

保護者面接

・お子さんの名前、生年月日、受験番号を教えてください。
・本校を知ったきっかけと志望理由をお聞かせください。
・通学経路と所要時間を教えてください。
・お子さんの特徴を教えてください。また、お子さんはどんなことに興味を持っていますか。
・最近どのようなことでお子さんをしかりましたか。
・電車の中のマナーをお子さんにどのように伝えていますか。
・電車通学で携帯電話を持たせることがあると思いますが、その使い方で何か気をつけさせることはありますか。
・お子さんには、学校はどういうところだと伝えますか。ご両親の学生時代のエピソードを含めてお話しください。
・子育てにおいて「これだけは譲れない」というこだわりを教えてください。
・ご両親で役割分担していることは何ですか。

面接資料／アンケート　Ｗｅｂ出願時に入力する作文と、考査当日に書く作文がある。

【出願時に入力】

Ｗｅｂ出願サイトにアクセスし、画面の指示に従って所定欄に入力する。（250字程度）

・テーマ「なぜ洛南高等学校附属小学校に入学させたいか。」

【考査当日に書き提出】

子どもの考査中、保護者を対象にした作文課題が前半、後半の２回実施される。テーマは当日発表され、２回とも３つの中から１つを選択し600字で書く。所要時間は各回約１時間、間に15分の休憩時間がある。2023年度は以下のテーマが出題された。

〈前半〉

・「親がたたいたら、子どもはたたくことを学びます」という言葉について思うところをお書きください。

・「男女共同参画社会とは、女性のワークライフバランスのみならず、男性の子育てや子どもの教育への関与も含んでいる」という考えについて思うところをお書きください。

・「私立の小学校は恵まれた家庭に育った子どもだけが学ぶ環境である」という指摘について思うところをお書きください。

〈後半〉

・「学校の授業というのは単に実用のために受けるものではなく、頭の鍛錬、知的発達のために受けるものなのである」という言葉について思うところをお書きください。

・「寝ていて人を起こすことなかれ」という言葉について思うところをお書きください。

・「教育とは子どもに『付加価値』をつけ、労働市場に高く売るものである」という考えについて思うところをお書きください。

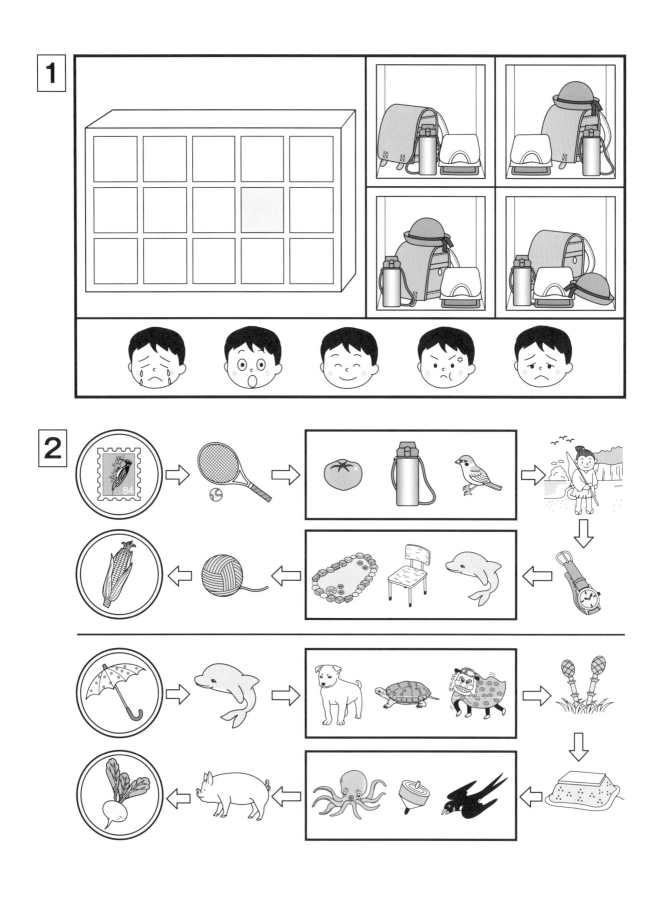

3

4

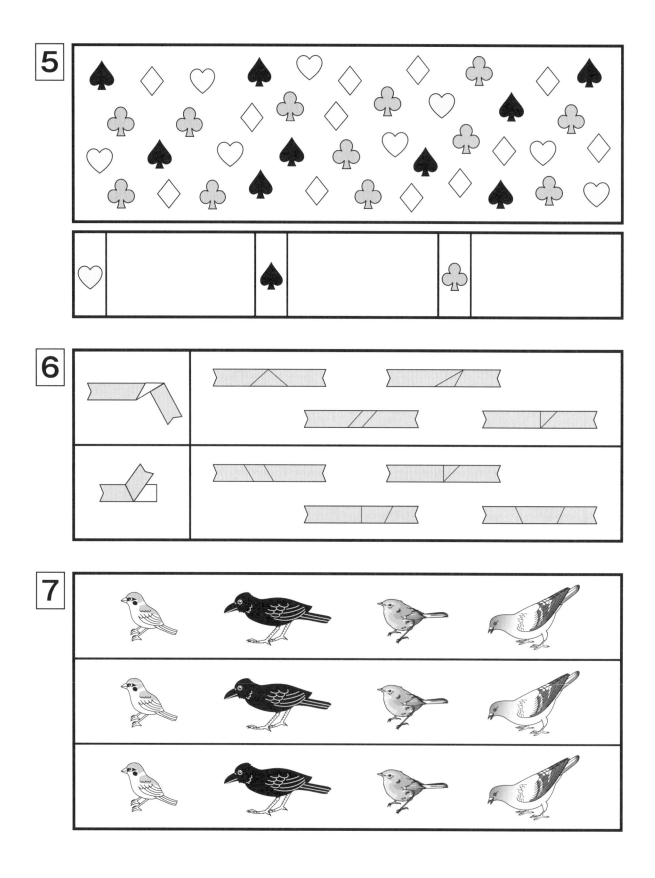

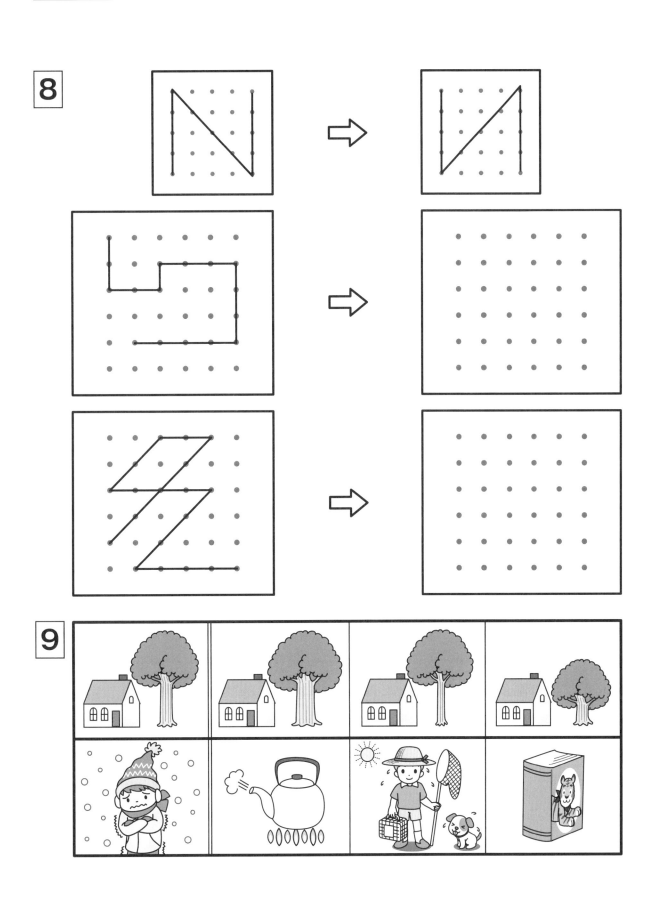

10

○ △ ○ △ ○
○ △ △ ○ ○
△ ○ ○ △ ○
△ ○ △ △ △
○ △ ○ ○ △

○ △ ○ ○ △ △
△ ○ △ △ ○ ○
○ △ ○ ○ ○ △
○ △ ○ △ △ ○
△ ○ △ ○ ○ △
○ △ ○ △ ○ ○

11

入学式

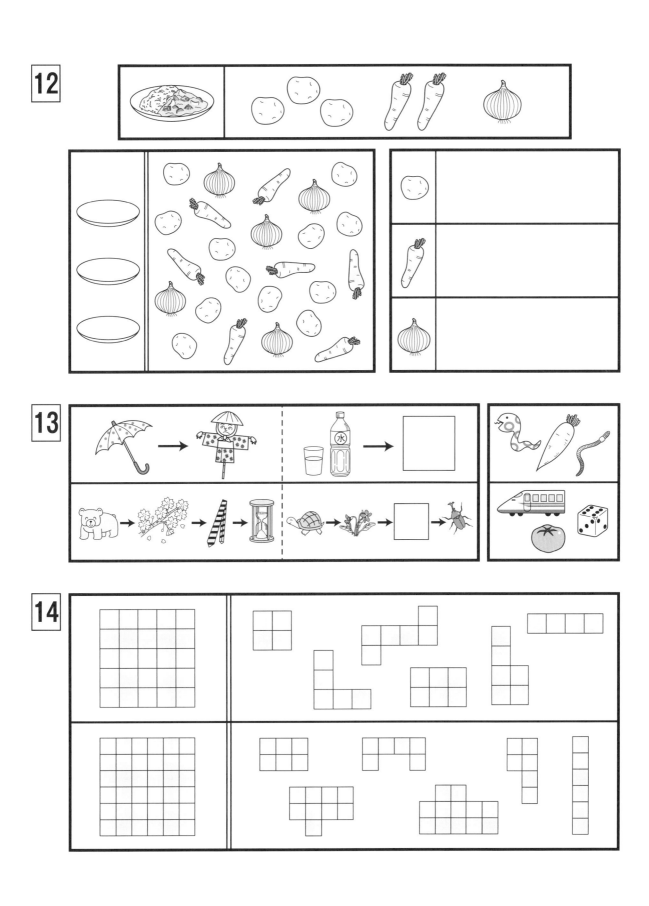

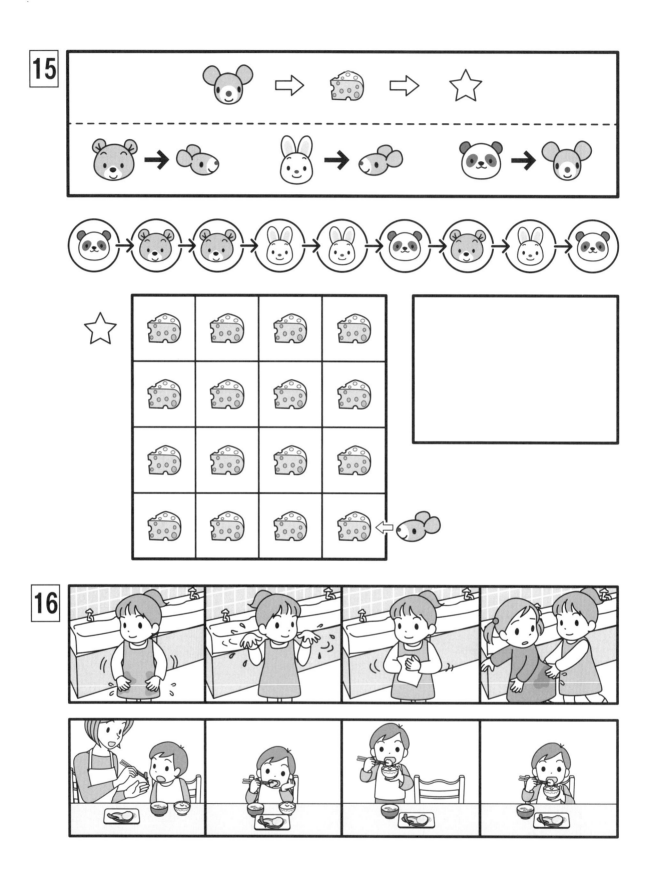

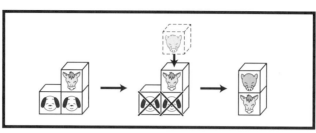

20

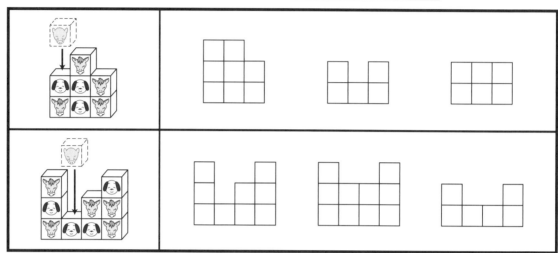

21

22

23

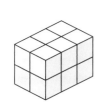

24

25

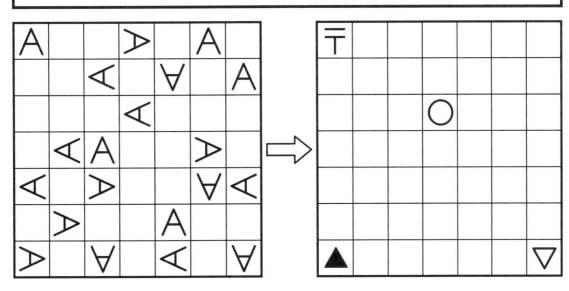

2022 洛南高等学校附属小学校入試問題

解答は解答例026〜027ページ

■ 選抜方法

考査は1日で、男女混合の月齢で決められたグループ約20人単位でペーパーテスト、運動テストを行う。所要時間は約3時間。考査日前の指定日時に保護者面接がある。

ペーパーテスト

筆記用具は鉛筆を使用し、訂正方法は×（バツ印）または消しゴム。出題方法は音声。

1 話の理解・常識

・それぞれの四角の絵を見て、正しいことを言っていると思う人の顔に○をつけましょう。

（女の子が蚊に刺された絵）
女の子「疲れているみたい」
おじいさん「痛そうだね」
おばあさん「かゆそうだね」

（ボールを持った子を男の子が追いかけている絵）
女の子「かけっこしてるよ」
おじいさん「ボールの取り合いをしているね」
おばあさん「ボールのゲームをしているね」

（かけっこをしていたら1人が転んだ絵）
女の子「頑張って走ったからいいと思うよ」
おじいさん「男の子のせいでチームは負けちゃったね」
おばあさん「練習しなかったから負けちゃったね」

（お誕生日プレゼントの絵）
女の子「ありがとう。でもこれは欲しくなかった」
おじいさん「どうもありがとう」
おばあさん「ありがとう。でも人形が欲しかったわ」

2 話の記憶

「みかさんは小学校の1年生です。今日は小学校で夏祭りがあるので、朝から水玉模様の浴衣を着て楽しみにしていました。夕方、お友達のゆう君と公園で待ち合わせをして一緒に夏祭りに行くお約束をしています。みかさんは公園に行く途中で、おばあさんに出す暑中見舞いのハガキをポストに入れました。公園に着くとゆう君が待っていたので、一緒に学校へ行きました。学校に着くと、辺りはもうすっかり暗くなり、夏祭りが始まりました。校庭にはたくさんの出店の明かりがともり、とてもき

れいです。『わたし、おなかがすいてきたわ。ゆう君、何か食べましょう』。みかさんが言うと、『そうだね。僕はトウモロコシが大好きだから焼きトウモロコシにするよ』。『じゃあ、わたしはたこ焼きにするわ』。2人は学校の先生にもらった券で、好きなものを買いました。テントの近くには焼きそばの屋台が出ていました。『焼きそばのいいにおいがするね』とみかさんがテントのほうを見ると、同じクラスのお友達が4人来ていました。『あっ。みかさんにゆう君！　一緒に盆踊りしない？』とお友達が誘ってくれたので、2人も校庭の真ん中にあるやぐらのほうへ行きました。やぐらの上ではみかさんのお父さんが太鼓をたたいていました。そして、みんなでやぐらの周りを囲んで、盆踊りを楽しく踊りました。その後、残っていた券でヨーヨー釣りをして、かき氷を食べて帰りました。みかさんは『今年の夏は楽しかったな』と思いました」

・夏祭りはいつごろ始まりましたか。合う絵に○をつけましょう。
・お話の中で、みかさんが最初にしたことは何でしたか。合う絵に○をつけましょう。

3 観察力

・左と右の絵を見て、違うところを3つ見つけて○をつけましょう。○は右の絵につけましょう。

4 常　識

・日本の旗です。赤いところを塗りましょう。
・オリンピックのマークです。黒いところを塗りましょう。

5 点図形

・左側のお手本と同じになるように、右側にかきましょう。

6 系列完成

トランプを決まりよく並べています。
・すぐ下の段です。星のところに置くことができるカードに○、四角のところに置くことができるカードに△をつけましょう。
・一番下の段です。スイカのところに誰かがカードを置きました。その左隣に置くことができるカードに○をつけましょう。

7 推理・思考

・上のように、表が白と黒で、裏が黒のリボンがあります。このリボンを折ったときの様子で、正しいものはどれですか。下から選んで○をつけましょう。

8 言語（しりとり）

四角の中の絵を並べ替えて、矢印の右側のものにしりとりでつながるようにします。
・1段目です。1番目になるものに○をつけましょう。
・2段目です。2番目になるものに○をつけましょう。
・3段目です。矢印の右側のものも入れて、最後から2番目になるものに○をつけましょう。

9 常 識

今から流れる曲を聴きましょう。

・（「ぞうさん」のメロディーが聞こえる）今の曲に合う絵に○をつけましょう。

・（「結婚行進曲」のメロディーが聞こえる）今の曲に合う絵に○をつけましょう。

10 数 量

・リンゴが2つあります。3つもらうといくつになりますか。右側の四角に○をかきましょう。

・右と左にあるイチゴの数はいくつ違いますか。その数だけ真ん中の四角に○をかきましょう。

11 推理・思考（対称図形）

・右側の四角に、白黒模様の折り紙があります。これらをどのように折ってもよいので、半分に折ってから黒いところを切り取ります。広げたとき、左端のようになるのはどれですか。右側から選んで○をつけましょう。

12 推理・思考（迷路）

・男の子がお父さんのところまで迷路を通って進みます。行く途中に出会った動物全部に○をつけましょう。

運動テスト

1列に並んで待ち、先頭の人がスタート地点の枠についたら次の人は所定の位置で待つ。1人ずつ順番に課題を行い、終わったら列の一番後ろに並ぶ。

◤ 行 進

スタートからゴールまで真っすぐ歩く。

◤ スキップ

スタートからゴールまでスキップで進む。

◤ ギャロップ

スタートからゴールまで横向きのギャロップで進む。

◤ ケンケン

スタートから左足ケンケンでコース途中のコーンまで進み、コーンからゴールまで右足ケンケンで進む。

◤ ケンケンパー

スタートからゴールまでケンケンパーで進む。左足でケンケンパーをしたら次は右足でケンケンパーというように、足を交互に替える。

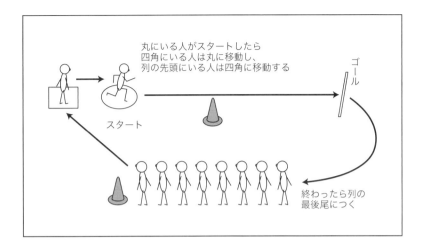

丸にいる人がスタートしたら
四角にいる人は丸に移動し、
列の先頭にいる人は四角に移動する

ゴール

スタート

終わったら列の
最後尾につく

保護者面接

・お子さんの名前、生年月日、受験番号を教えてください。

・本校を知ったきっかけと志望理由をお聞かせください。

・通学経路と所要時間を教えてください。

・お子さんをしかるのはどんなときですか。

・お子さんをほめるのはどんなときですか。

・お子さんは何か習い事をしていますか。

・電車の中のマナーについて、お子さんにはどのように教えていますか。

・お子さんに未提出の課題があると学校から連絡があった場合、どうされますか。

・通っている幼稚園（保育園）のよいところと気になるところを教えてください。

・子育てにおいて「これだけは譲れない」というこだわりがあれば教えてください。

・ご両親で教育の分担があれば教えてください。

・身内の方に本校の出身者はいらっしゃいますか。

面接資料／アンケート

Ｗｅｂ出願時に入力する作文と、考査当日に書く作文がある。

【出願時に入力】

Ｗｅｂ出願サイトにアクセスし、画面の指示に従って所定欄に入力する。（250字程度）

・テーマ「なぜ洛南高等学校附属小学校に入学させたいか。」

【考査当日に書き提出】

子どもの考査中、保護者を対象にした作文課題が前半、後半の２回実施される。テーマは当日発表され、２回とも３つの中から１つを選択し600字で書く。所要時間は各回約１時間、間に15分の休憩時間がある。2022年度は以下のテーマが出題された。

〈前半〉

・「子は親の鏡、親は子の鑑」という言葉について思うところをお書きください。

- 「しつけとは、やがてそれが外されるものである、という前提に立って行われるべきものだ」という意見について思うところをお書きください。
- 「どんな不幸を吸っても、吐く息は感謝でありますように」という言葉について思うところをお書きください。

〈後半〉
- 「エートス（人柄・性格）はエトス（習慣）を少し語形変化させることによって得られる」という言葉について思うところをお書きください。
- 「どうして親というのは、子どもの自立を望むふりをしながら、その実、自立を阻むようなことばかりするのだろう」という言葉について思うところをお書きください。
- 「見えないところが本物にならないと、見えるところも本物にならない」という言葉について思うところをお書きください。

2

3

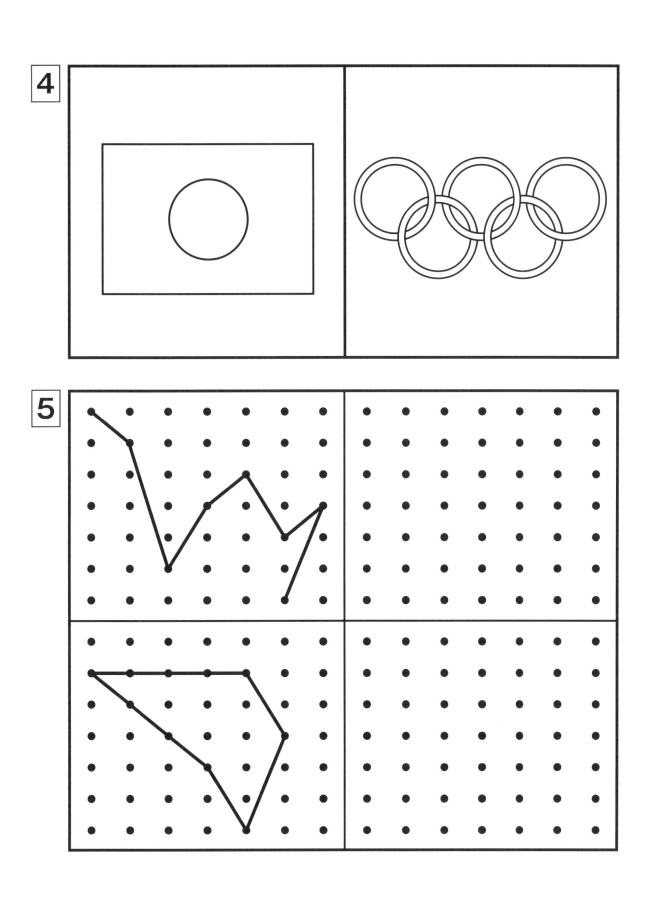

6

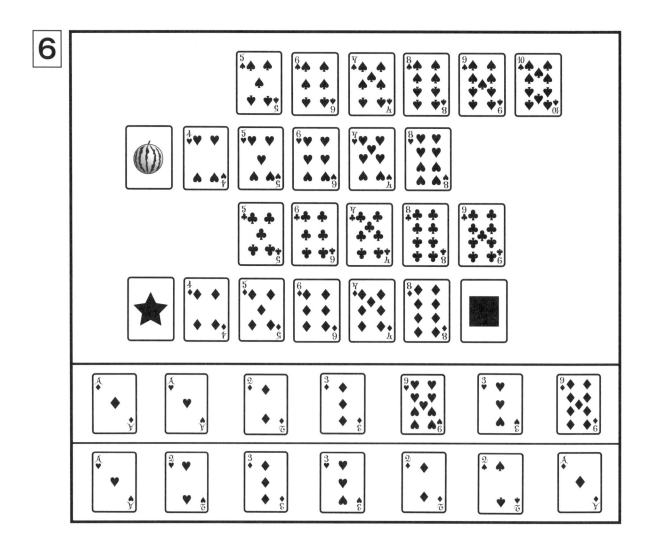

7

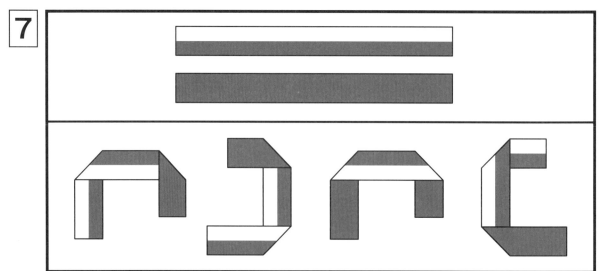

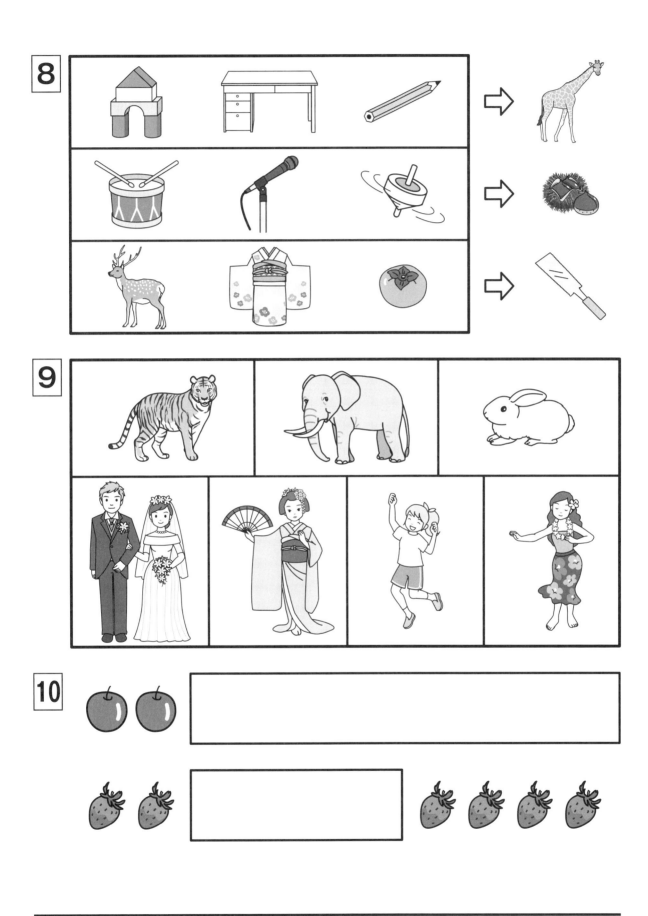

11

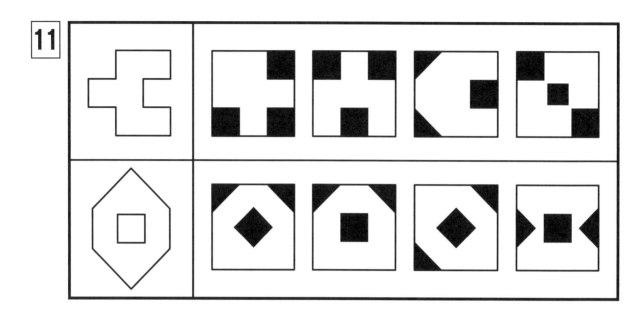

12

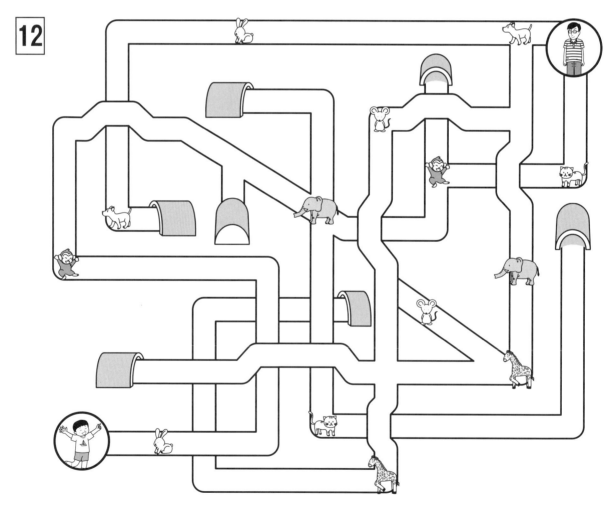

解答は解答例027～028ページ

■ 選抜方法

考査は1日で、男女混合の月齢で決められたグループ約10人単位でペーパーテスト、運動テストを行う。所要時間は約3時間。考査日前の指定日時に保護者面接がある。

■ ペーパーテスト

筆記用具は鉛筆を使用し、訂正方法は✕（バツ印）または消しゴム。出題方法は音声。

1 話の記憶

「たろう君は、次の日曜日にお父さんと動物園に行くお約束をしました。前の日の夜はリュックサックにハンカチ、ティッシュペーパー、レインコート、ピクニックシートを入れて、早く寝ました。朝早く目が覚めると、外はとてもよいお天気です。お父さんと朝ごはんを食べてから出発です。『今日はお天気がよいからレインコートはいらないね』とたろう君が言うと、『そうだね。お父さんは、お母さんが作ってくれたお弁当と水筒を忘れないようにしないとね。そうそう、マスクもね』とお父さんは言って、ニコニコしながら準備をしました。電車に乗って動物園に着くと、入口には列ができていました。動物園の係の人が『必ずマスクを着けて、順番に検温と手の消毒をしてから入場してください』と言っています。たろう君もお父さんと一緒に検温と手の消毒をしてから入りました。『お父さん、今日は見たい動物の順番を決めてきたんだ。まずキリン、次はライオン、その後シマウマ……』とたろう君が言うと、お父さんは『わかったよ。じゃあ、動物園の地図を見ながら回ろうか』と言ってくれました。たろう君はとても楽しく動物たちを観察しながら回りましたが、ゾウとサルとペンギンはお休み中で見られませんでした。お昼になって広場でお弁当を食べようとしたときのことです。お父さんが『たろう、ごめんね。お家の玄関に水筒を置いたまま忘れてきてしまったよ』と恥ずかしそうに言いました。でも『お父さん、だいじょうぶだよ。実は僕、リュックサックに水筒を入れてきたんだ。一緒に飲もうよ』とたろう君が笑いながら言うと、お父さんもうれしそうに笑いました」

・日曜日の天気に○をつけましょう。

・動物園の入口で、しなかったことに○をつけましょう。

・お父さんがお家に忘れてきたものに○をつけましょう。

・今のお話に出てこなかった動物に○をつけましょう。

2 数量

・ミカンを13個にするには、あといくついりますか。その数だけ横の四角に○をかきましょう。

・イチゴを4人に4個ずつ分けるには、あといくついりますか。その数だけ横の四角に○をかきましょう。

3 構成

・左側です。四角を同じ大きさの4つの形に分けるには、どのように切るとよいですか。上に1つ切

り方をかいてありますので、下の2つに違う切り方になるように線をかきましょう。

・右側です。パズルの黒い部分に入るピースはどれですか。下の6つから選び、○をつけましょう。

4 常 識

・ヤギに○をつけましょう。

・ウグイスに○をつけましょう。

・コオロギに○をつけましょう。

5 推理・思考（重さ比べ）

・イヌとネコとカバが重さ比べをしています。それぞれがシーソーやてんびんに乗ったとき、目盛りが絵のようになりました。このとき、一番重い動物に○をつけましょう。○は下の顔につけてください。

6 観察力

・左と右の絵を比べて違うところを見つけ、右の絵のその場所に×をつけましょう。

7 話の理解

・三角だけを使ってクリスマスツリーを作りました。その形に○をつけましょう。

・同じ形3つでできているものに○をつけましょう。

8 常識（仲間分け）

・それぞれの段の絵を見て、全部が同じ仲間であれば○を、仲間でなければ×を右の四角にかきましょう。

9 位置の移動

ネコは上に2つ、ブタは右に1つ、ウサギは上に1つ、イヌは左に1つ動くお約束です。今からお話しする順にマス目の左下の男の子が動くと、男の子は最後にどこのマス目に着きますか。そのマス目に○をかきましょう。

・左です。ブタ、ブタ、ネコ、イヌ、ウサギ。

・真ん中です。ウサギ、ネコ、ブタ、ブタ、イヌ。

・右です。ブタ、ウサギ、ブタ、ウサギ、ネコ、イヌ、ウサギ。

10 推理・思考

2人1組になり、どちらかが丸、どちらかがバツの印をマス目の中に交代でかいていき、マス目の縦や横、斜めに同じ印が4つそろったら勝ちというお約束でゲームをします。

・左側です。順番に印をかいていくと、絵のようになりました。次はバツをかく番ですが、どのマス目にかくとよいと思いますか。その場所に×印をかきましょう。

・右側です。順番に印をかいていくと、絵のようになりました。次の人が丸とバツのどちらかをかいて勝ちました。どちらの印をどのマス目にかいたのでしょうか。マス目の中にその人がかいた印をかきましょう。

運動テスト

1列に並んで待ち、先頭の人がスタート地点のコーンについたら次の人は所定の位置で待つ。1人ずつ順番に課題を行い、終わったら列の一番後ろに並ぶ。

■ 行　進

スタートからゴールまで真っすぐ歩く。

■ スキップ

スタートからゴールまでスキップで進む。

■ ギャロップ

スタートからゴールまで横向きのギャロップで進む。

■ ケンケンパー

スタートからゴールまでケンケンパーで進む。左足でケンケンパーをしたら次は右足でケンケンパーというように足を交互に替え、パーのときは手をたたく。

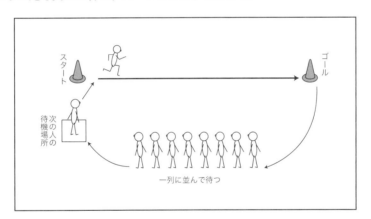

保護者面接

・お子さんの生年月日を教えてください。
・本校を知ったきっかけと志望理由をお聞かせください。
・通学経路と所要時間を教えてください。
・通っている幼稚園（保育園）のよいところと気になるところを教えてください。
・どのようなお子さんですか。またお子さんはこの学校に合っていますか。
・お子さんは、お父さまのお仕事のことを知っていますか。
・電車の中のマナーについて、お子さんにどのように教えていますか。
・お子さんは何か習い事をしていますか。
・お子さんは習い事のほかに、何か好きなことや興味のあることがありますか。
・お子さんには将来どのような人になってほしいですか。それはこの学校で実現できるでしょうか。
・身内の方に本校の出身者はいらっしゃいますか。

面接資料／アンケート

事前に書き面接当日に持参する作文と、考査当日に書く作文がある。

【面接当日に持参】
出願書類に添付の「保護者作文用紙」（Ａ４判300字）に作文を書き、面接当日に持参する。
・テーマ「なぜ洛南高等学校附属小学校に入学させたいか。」

【考査当日に書き提出】
子どもの考査中、保護者を対象にした作文課題が前半、後半の２回実施される。テーマは当日発表され、２回とも３つの中から１つを選択し600字で書く。所要時間は各回約１時間、間に15分の休憩時間がある。2021年度は以下のテーマが出題された。

〈前半〉
・「子を知る親に若かず、然も子を知らざることもまた往々にして親に若かず」について思うところをお書きください。
・「情報に溺れる親が多いこと」について思うところをお書きください。
・「横で比べず、縦で比べよ」について思うところをお書きください。

〈後半〉
・「快適すぎるリビングは子どもの五感を鈍らせてしまう」について思うところをお書きください。
・「親が子どもに遺せる一番の財産は、親の自立である」について思うところをお書きください。
・「ひとりの子どもを育てるには、村じゅうみんなの力と知恵が必要だ」について思うところをお書きください。

1

2

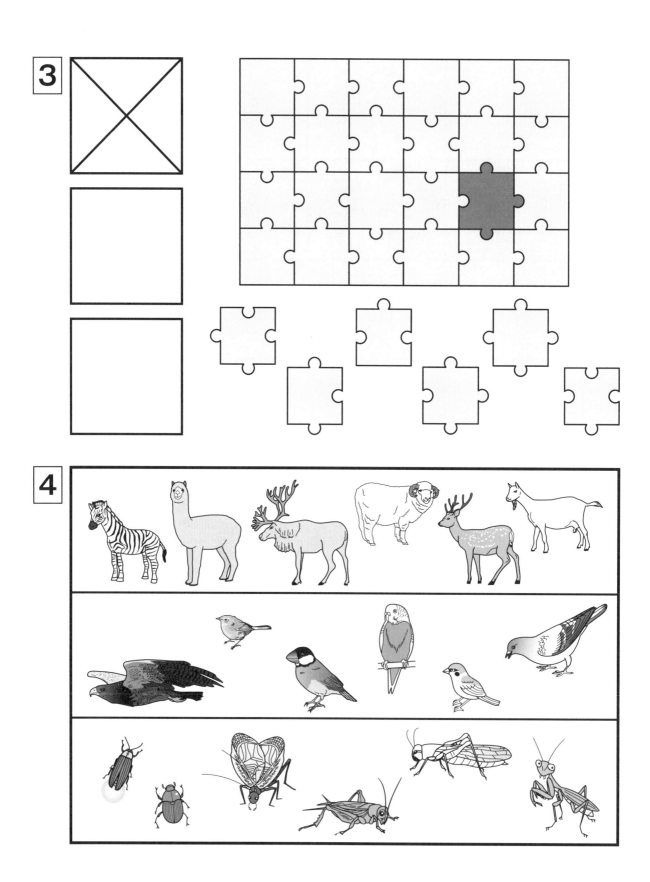

5

6

7

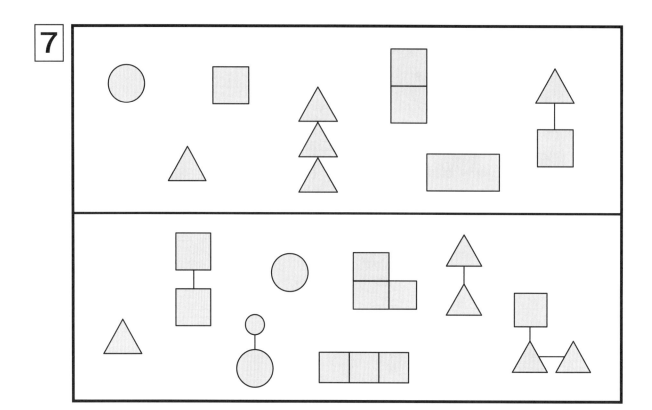

8

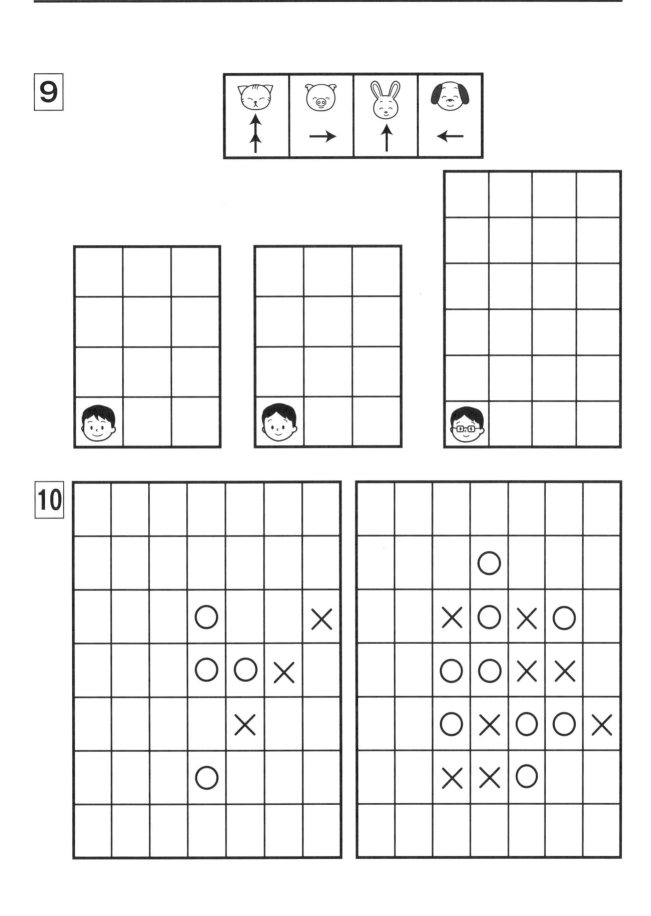

■ 選抜方法

考査は1日で、男女混合の月齢で決められたグループ20〜30人単位でペーパーテスト、運動テストを行う。所要時間は約3時間30分。考査日前の指定日時に保護者面接がある。

┃ ペーパーテスト ┃ 筆記用具は鉛筆を使用し、訂正方法は指定なし。出題方法は音声。

1 数 量

・積み木の数が一番多いものに○、一番少ないものに△をかきましょう。

2 観察力（同図形発見）

・左のお手本と同じ絵に○をつけましょう。

3 話の理解・常識

・左の絵について正しいことを言っている人に○をつけましょう。

お父さんが指をけがしてしまいました。

男の子　「僕もけがをしたんだよ」

女の子　「楽しかったね」

おじいさん　「どうしてけがをしているの？」

おばあさん　「大丈夫？　手当てしてあげようか？」

・右の絵について正しいことを言っている人に○をつけましょう。

お母さんがお買い物に行くのに財布を忘れそうになりました。「お財布はどこにあるのかしら？」

男の子　「テレビの前に置いてあったよ」

女の子　「全部使ったもんね」

おじいさん　「どこにあるか知ってるよ」

おばあさん　「お店で買い物したんじゃない？」

4 推理・思考（条件迷路）

・左上の矢印からスタートして壁のどこか1つだけを壊して進み、右下にゴールします。どこの壁を壊せばゴールできますか。その壁に○をつけましょう。

5 観察力

・左と右の絵で違っているところを見つけて、右の絵のその場所に○をつけましょう。

6 模 写

・左のお手本と同じになるように、右にかきましょう。

7 数　量

・左の三角と右の三角はいくつ違いますか。その数だけ真ん中の四角に○をかきましょう。

・丸を合わせて10個にするには、あと何個あればよいですか。その数だけ真ん中の四角に○をかきましょう。

・四角の左側と右側のチョウチョを合わせるといくつですか。その数だけ真ん中の四角に○をかきましょう。

8 推理・思考（鏡映図）

・鏡の前にブロックが立っています。鏡にはどのように映りますか。正しい絵に○をつけましょう。

9 推理・思考

・男の子と女の子がジャンケンをしました。どちらが多く勝ちましたか。多く勝った方の顔に○をつけましょう。

10 話の理解・常識（判断力）

「ゾウさんとウサギさんとイヌさんが野菜の実験の準備をしています。ゾウさんは力持ちで、水をいっぱいにしたバケツに野菜と果物を2つも入れて運んできてくれました。ウサギさんは頑張って運んできてくれたゾウさんに、バケツの水に浮かんでいる果物をあげました。イヌさんは実験で何をするのか先生に質問ばかりしています」

・このお話の中で、リーダーになれそうな動物に○をつけましょう。

・ゾウさんが食べたと思うものに○をつけましょう。

・水に浮くものに○、沈むものに△をつけましょう。

11 推理・思考（比較）

・長さ比べをしました。一番長いものに○、一番短いものに△をつけましょう。左も右もやりましょう。

12 数量（分割）

・チョウチョを3人で同じ数ずつ分けたいと思います。それぞれがもらう分を、1人分ずつ○で囲みましょう。

13 常識（影）

・影の様子で正しいものに○をつけましょう。

14 話の理解

次のように言っている人は、どのような顔をしているでしょうか。それぞれ合う絵に○をつけましょう。

・1段目です。「やった！　今日のおやつはプリンだ！」

・2段目です。「なんで僕のブロックを取るの？」

・3段目です。「わあ！　プレゼントがあるの？」

・4段目です。「怒られちゃった……」

15 常識（仲間探し）

・左端の生き物と同じ仲間を、右から選んで○をつけましょう。

運動テスト

約20人のグループで行う。体操座りで待ち、自分の番が来たら所定の場所で行う。終わったら列の一番後ろに並ぶ。

行　進

テスターの後について1列になり、速度を変えながらコーンの周りを2周する。

連続運動

スキップで進む→ケンケンパー（右足ケンケンパー、左足ケンケンパーをくり返す）で進む→サイドステップで往復する（行きは左向き、帰りは右向き）。

ボール投げ上げ

ボールを投げ上げ、1回手をたたいてから落ちてきたボールをキャッチする。2回行う。

保護者面接

・本校を知ったきっかけと志望理由をお聞かせください。

・通学経路と所要時間を教えてください。

・12年間の一貫教育についてどのようにお考えかをお聞かせください。

・お子さんの性格と、成長したところをお聞かせください。

・お子さんとどのような遊びをしていますか。

・ご家族で楽しんでいることは何ですか。

・お子さんが興味を持って取り組んでいることは何ですか。

・お子さんは何か習い事をしていますか。

・お子さんがストレスを抱えているときはどのように対処していますか。

・電車の中のマナーについて、お子さんにどのように教えていますか。

・お子さんに将来どのような人になってほしいですか。それはこの学校で実現できるでしょうか。

・身内の方に本校の出身者はいらっしゃいますか。

面接資料／アンケート

事前に書き面接当日に持参する作文と、考査当日に書く作文がある。

【面接当日に持参】

出願書類に添付の「保護者作文用紙」（A4判300字）に作文を書き、面接当日に持参する。

・テーマ「なぜ洛南高等学校附属小学校に入学させたいか。」

【考査当日に書き提出】

子どもの考査中、保護者を対象にした作文課題が前半、後半の2回実施される。テーマは当日発表され、2回とも3つの中から1つを選択し600字で書く。所要時間は各回約1時間、間に15分の休憩時間がある。2020年度は以下のテーマが出題された。

〈前半〉

・「小1の壁」について思うところをお書きください。

・親が先生という役割を演じるのをやめるべきか、その是非について思うところをお書きください。

・「弟子の『器』をはるかに超えることを教えなければ、弟子の学習は起動しない」という言葉について思うところをお書きください。

〈後半〉

・「お膳立て症候群」という言葉について思うところをお書きください。

・子どもを「見る」「観る」ではなく「看る」ということについて思うところをお書きください。

・「虹を見るには、少しの雨くらい我慢しなくちゃ」という言葉について思うところをお書きください。

3

4

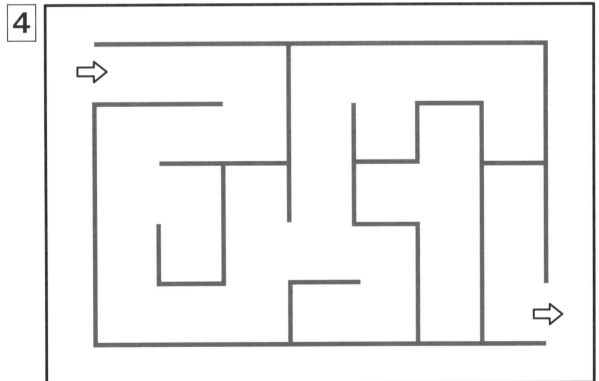

5

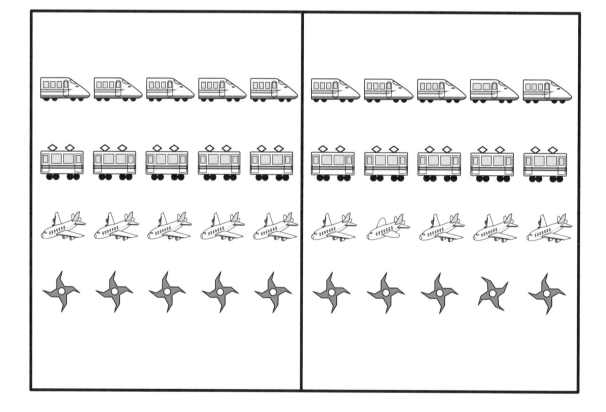

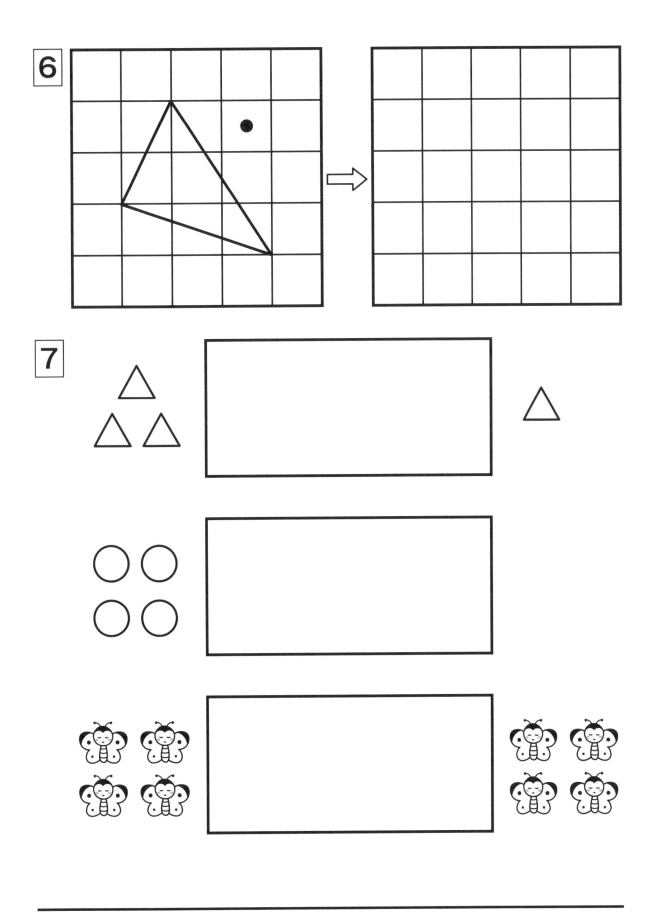

8

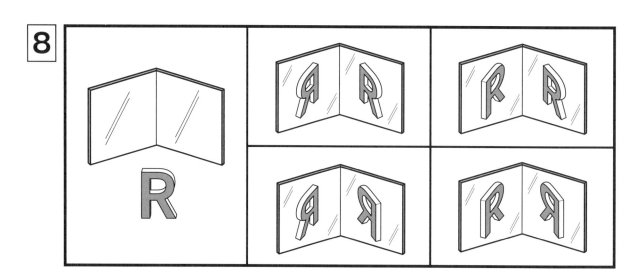

9

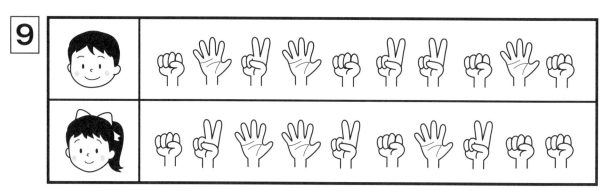

10

11

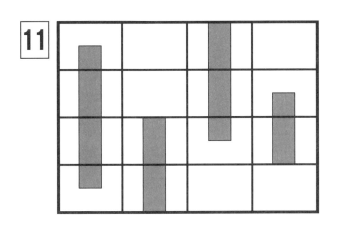
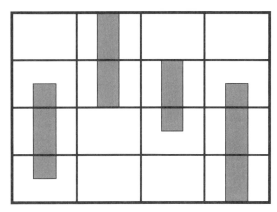

12

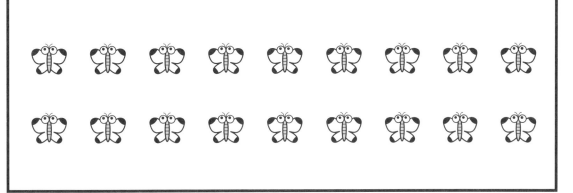

13

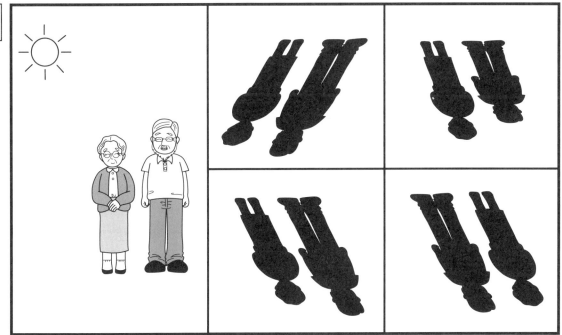

14

15

2019 洛南高等学校附属小学校入試問題

解答は解答例030ページ

■ 選抜方法

考査は1日で、男女混合の月齢で決められたグループ20〜30人単位でペーパーテスト、運動テストを行う。所要時間は約3時間。考査日前の指定日時に保護者面接がある。

■ ペーパーテスト ▌ 筆記用具は鉛筆を使用し、訂正方法は//（斜め2本線）または消しゴム。出題方法は音声。

1 数量（対応）

・上の絵がお約束です。コイン4枚で魚1匹、お札1枚で魚2匹を買うことができます。では、その下を見ましょう。左端の数だけお金を持っていて、右端の数だけ魚を買いたいと思います。足りないお金の数だけ、コインは○、お札は□をかきましょう。

2 推理・思考（四方図）

・四角の中のお手本のように白黒のサイコロの形をした積み木が積んであり、それぞれ角に印がかいてあります。では、左下の絵のように積み木が見えるとき、イチゴとブドウの角にはどの印がかいてありますか。それぞれの絵の段から選んで○をつけましょう。

3 常識（影）

・絵の中で、影の様子が正しいと思うものに○をつけましょう。

4 位 置

・左上です。上から3段目のマス目全部に✕をかきましょう。
・右上です。右から3列目のマス目全部に△をかきましょう。
・左下です。上から2段目の左から3列目のマス目に○をかきましょう。
・右下です。下から3段目の右から4列目のマス目に□をかきましょう。

5 構 成

・それぞれの形は、左上の三角のカードを何枚使ってできていますか。その数だけ、下の長四角に○をかきましょう。

6 注意力

・今から音が聞こえてきます。（スピーカーから高低の異なる3種類のブザー音が流れる）高い音は丸、普通の高さの音は三角、低い音はバツというお約束です。これから、今聞こえた音と同じ音が流れます。どのような順番で聞こえたか、印が正しい順番でかいてある段を選び、左端の四角に○をかきましょう。（普通の高さの音、低い音、高い音、普通の高さの音、低い音の順で流れる）

7 常　識

- 食べるところが土の中にできるものに○をつけましょう。
- 木にできる果物に○をつけましょう。

8 常　識

- アサガオに○をつけましょう。
- カキに○をつけましょう。
- ヒマワリの種に○をつけましょう。

9 言　語

- 左と右から反対の意味になるものを選んで、点と点を線で結びましょう。

10 常　識

それぞれの段の左端の絵を見ましょう。このようなとき、どのように声をかけるとよいですか。

- 上の段です。左の男の子は「準備体操をしたらいいよ」、真ん中の女の子は「帽子をかぶった方がいいよ」、右の男の子は「ベンチで少し休んだ方がいいよ」と言いました。正しいことを言っている人に○をつけましょう。
- 下の段です。左の女の子は「道の端を走った方がいいよ」、真ん中の男の子は「危ないからいけないよ」、右の女の子は「大人と一緒に乗った方がいいよ」と言いました。正しいことを言っている人に○をつけましょう。

運動テスト

約20人のグループで行う。体操座りで待ち、自分の番が来たら所定の場所で行う。終わったら列の一番後ろに並ぶ。

🔲 行　進

テスターの後について速度を変えながら1列になって歩く。

🔲 連続運動

スキップで進む→ケンケンパー（右足ケンケンパー、左足ケンケンパーパーケンケンパー）で進む→ギャロップで進む。

🔲 ボール投げ上げ

ボールを投げ上げ、1回手をたたいてから落ちてきたボールをキャッチする。2回行う。

保護者面接

- お子さんの名前、生年月日、受験番号を教えてください。
- 本校を知ったきっかけと志望理由をお聞かせください。
- 通学経路と所要時間を教えてください。

・お子さんと接する時間をどのように設けていますか。

・ご親族に本校の関係者はいらっしゃいますか。

・通っている幼稚園（保育園）を選んだ理由は何ですか。

・お子さんのよいところをアピールしてください。

・お子さんには公共交通機関のマナーについて、どのように教えていますか。

・お子さんの長所および短所と、どのように育てていきたいかをお話しください。

・お子さんは習い事をしていますか。その習い事を選んだ理由も教えてください。

・願書に記載されている内容（エピソード）について具体的にお聞かせください。

・併願校はありますか。

■ 面接資料／アンケート ■ 事前に書き面接当日に持参する作文と、考査当日に書く作文がある。

【面接当日に持参】

出願書類に添付の「保護者作文用紙」（Ａ４判300字）に作文を書き、面接当日に持参する。

・テーマ「なぜ洛南高等学校附属小学校に入学させたいか。」

【考査当日に書き提出】

子どもの考査中、保護者を対象にした作文課題が前半、後半の２回実施される。テーマは当日発表され、２回とも３つの中から１つを選択し600字で書く。所要時間は各回約１時間、間に15分の休憩時間がある。2019年度は以下のテーマが出題された。

〈前半〉

・「子どもの『自信』と『やる気』の関係」について思うところを述べよ。

・「フランスで学校内のスマホ使用禁止の法案が可決されたこと」について思うところを述べよ。

・「本校に入学するにあたって保護者としての『覚悟』」について思うところを述べよ。

〈後半〉

・「子どもの『うそ』と『ごまかし』」について思うところを述べよ。

・「小学６年生の道徳教材『星野君の二塁打』（監督の犠打の指示を無視して二塁打を放ち、チームを勝利に導いた星野君が、チームのルールに従わなかったとして次の試合に出られない罰を受けるという話）」について思うところを述べよ。

・「12年間一貫教育における『リスク』と『ベネフィット』」について思うところを述べよ。

1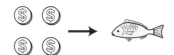

💲💲💲 💲💲		🐟🐟
💲💲 💵		🐟🐟 🐟🐟
💲💲💲 💵		🐟🐟🐟 🐟🐟🐟

2

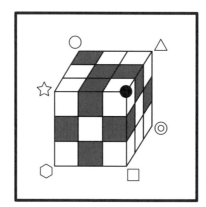

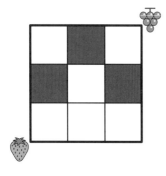

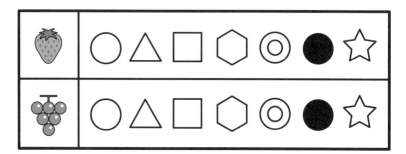

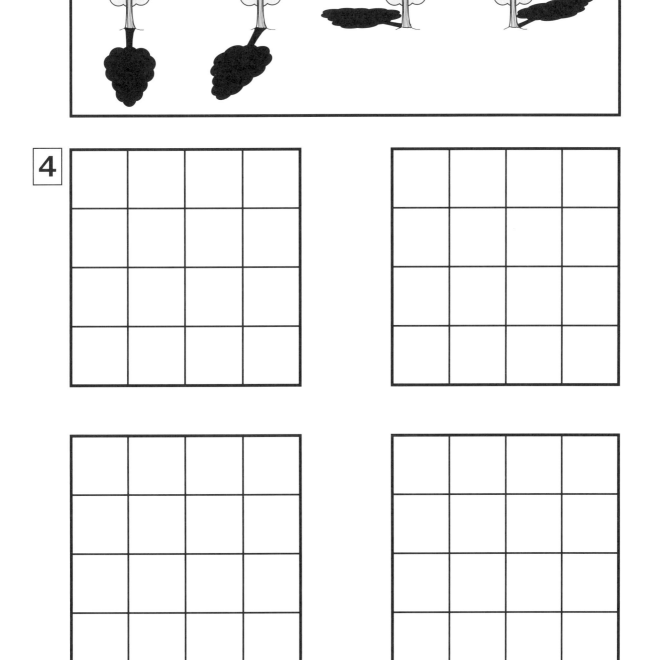

5

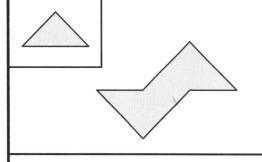

6

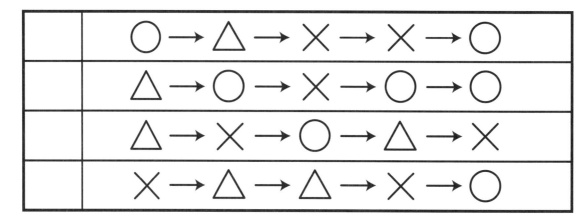

7

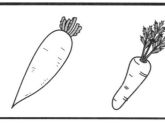

2019

2024 学校別過去入試問題集

 年度別入試問題分析【傾向と対策】　 学校別入試シミュレーション問題　解答例集付き

伸芽会の有名小学校合格シリーズ

Shinga-kai

カラーページ増殖中！
※2022年秋実施の入試問題を含む

過去5～15年間分
全44冊52校掲載

定価 3410円～3520円
（本体 3100円～3200円＋税10%）

解答例集付き

全国の書店・伸芽会出版販売部にお問い合わせください。

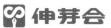 伸芽会　 出版販売部 **03-6914-1359** （10:00～18:00 月～金）

〒171-0014 東京都豊島区池袋 2-2-1 7F　https://www.shingakai.co.jp

2023年2月より
順次発売中！

© '06 studio*zucca

2024

有名小学校 入試問題集

解答例

✳ **解答例の注意**

この解答例集では、ペーパーテスト、個別テスト、集団テストの中にある□数字がついた問題の解答例のみを掲載しています。それ以外の問題の解答はすべて省略していますので、それぞれのご家庭でお考えください（一部□数字がついた問題の解答例の省略もあります）。

Shinga-kai

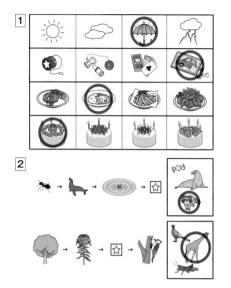

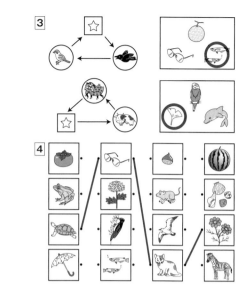

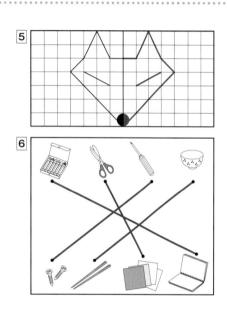

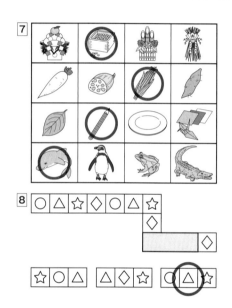

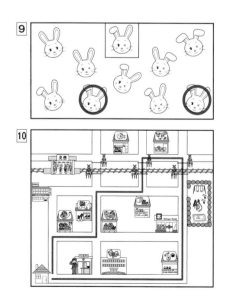

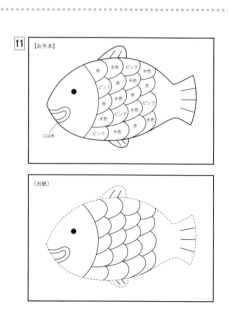

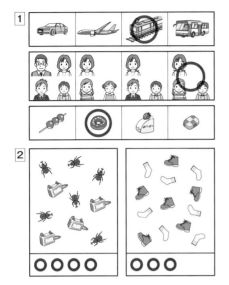

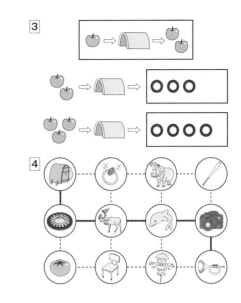

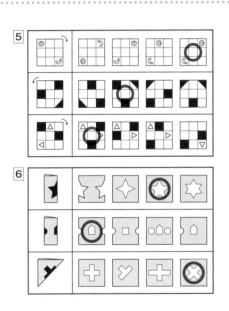

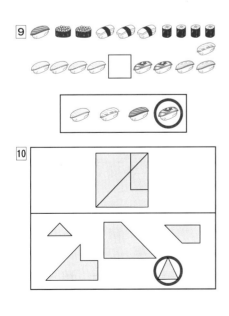

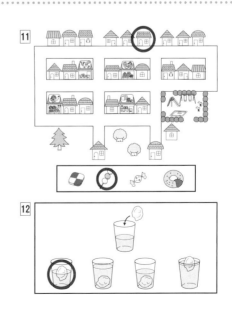

13

14 【お手本】

1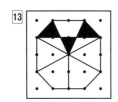

2

3

4

5

6
7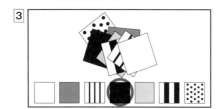

8

9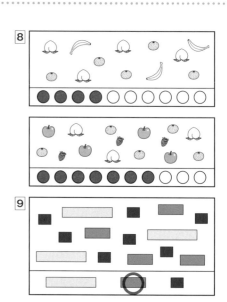

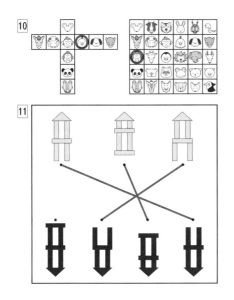

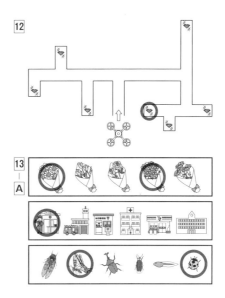

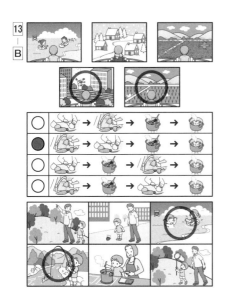

関西大学初等部 2020 解答例

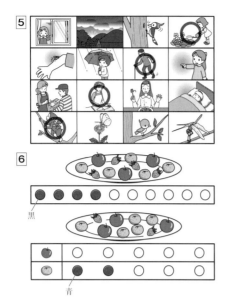

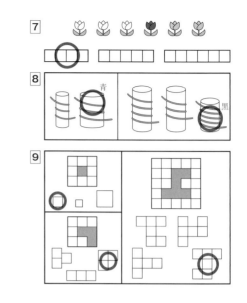

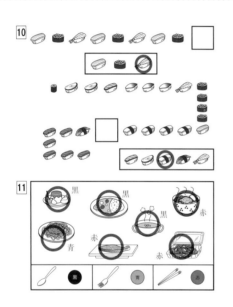

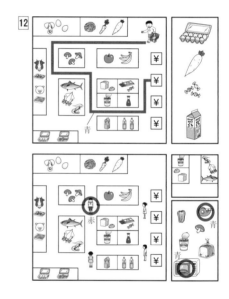

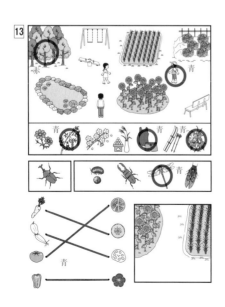

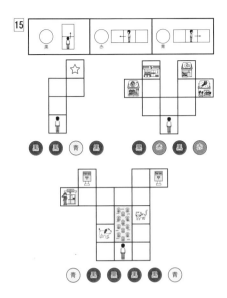

関西大学初等部 2019 解答例

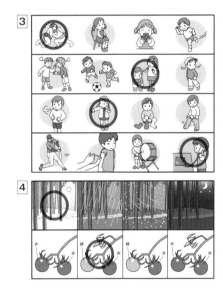

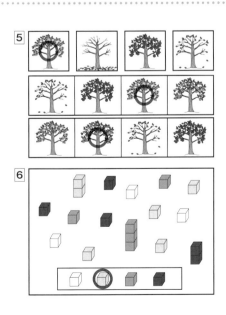

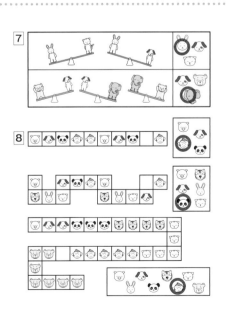

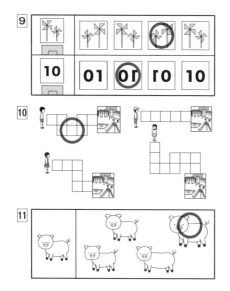

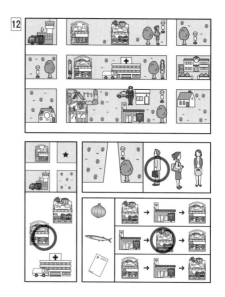

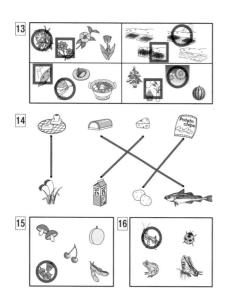

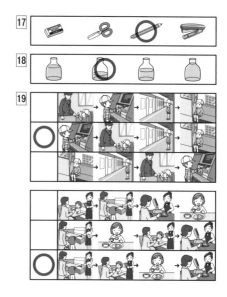

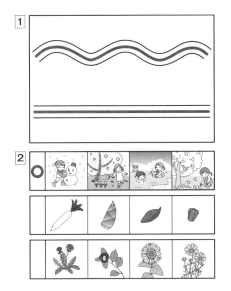

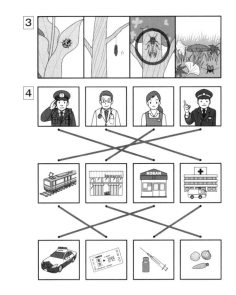

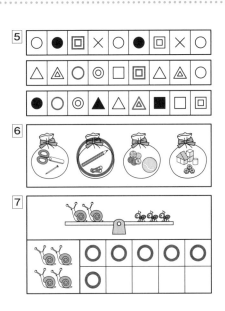

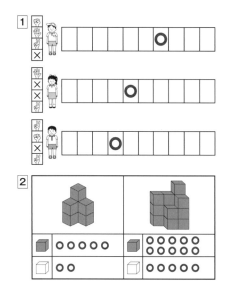

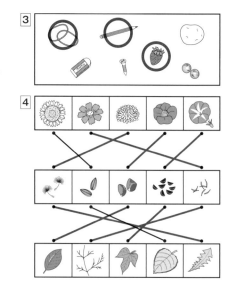

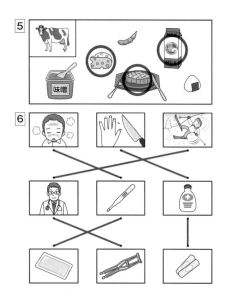

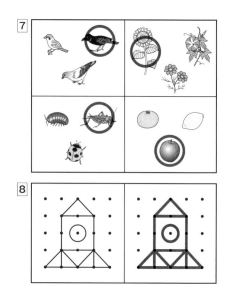

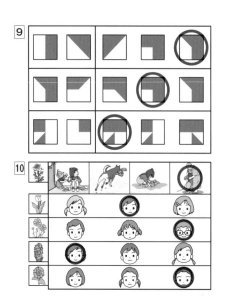

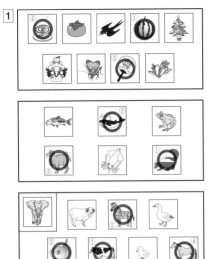

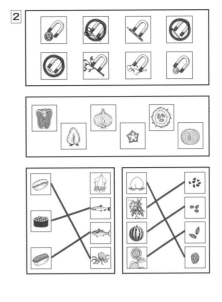

※ ①の3問目は複数回答あり

※ ③は解答省略、④の理由は解答省略

※ ⑦は解答省略

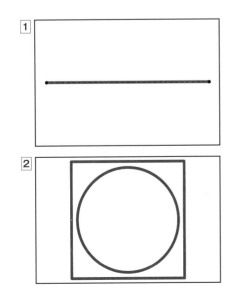

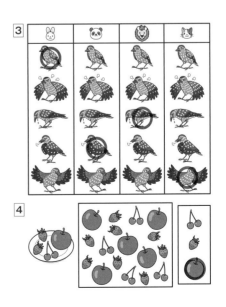

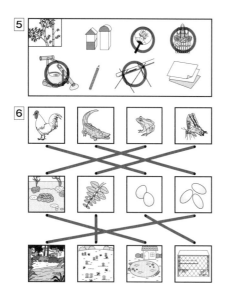

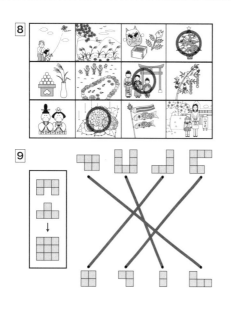

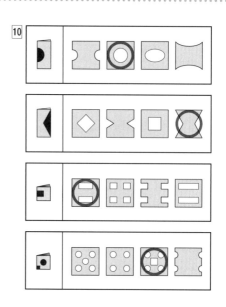

関西学院初等部 2019 解答例

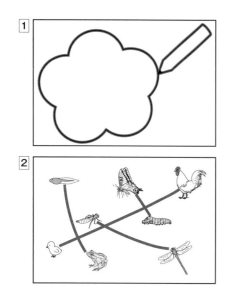

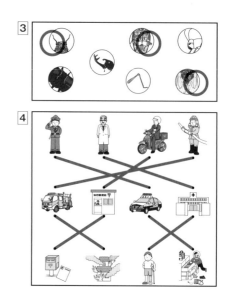

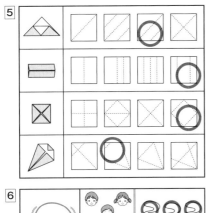

1

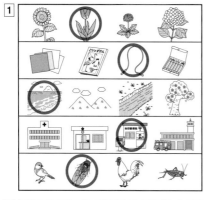

2

3

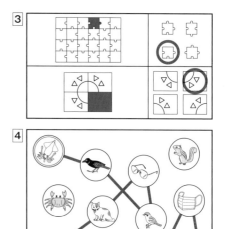

4

5

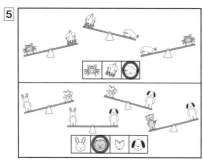

6

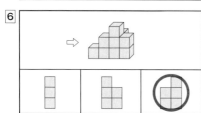

7

8

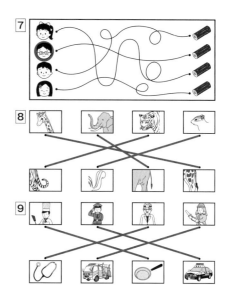

9

10

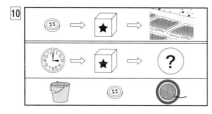

11

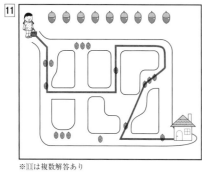

※11は複数解答あり

1

2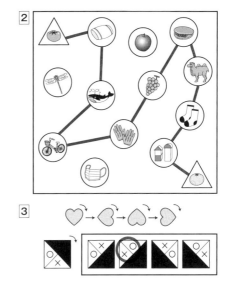

3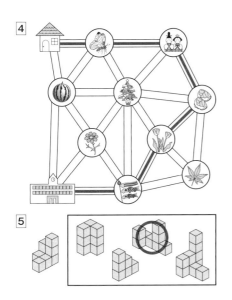

4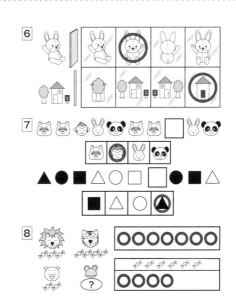

5

6

7

8

9

10

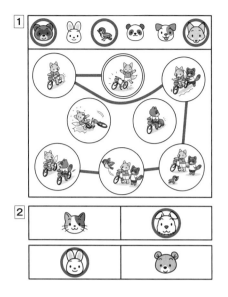

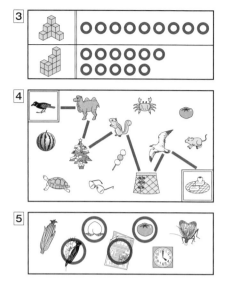

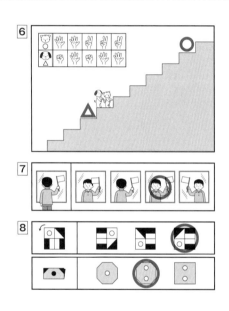

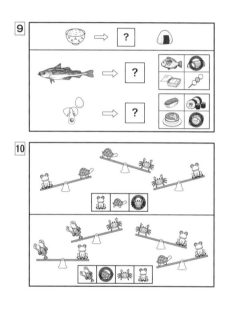

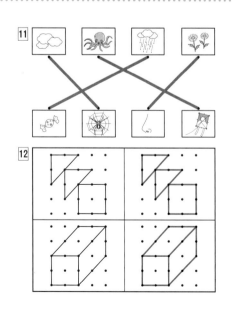

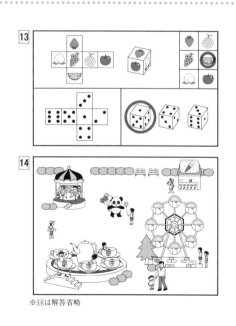

※14は解答省略

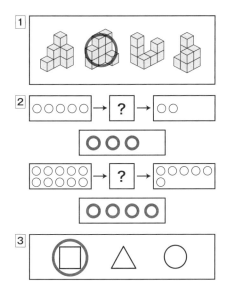

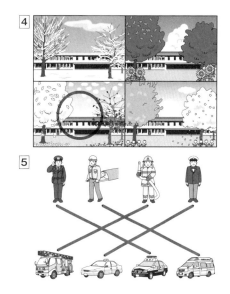

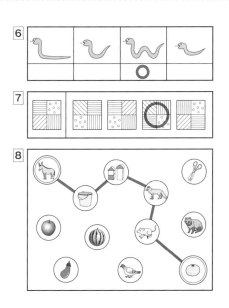

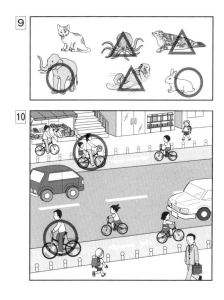

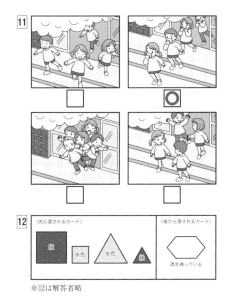

※12は解答省略

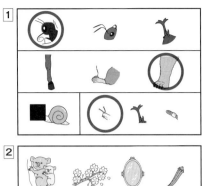

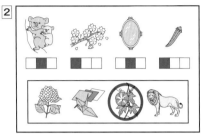

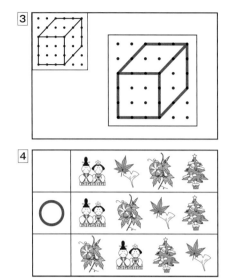

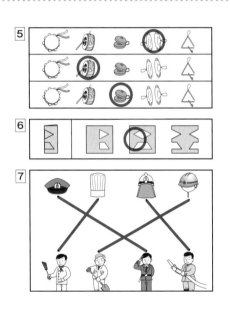

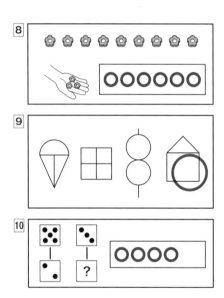

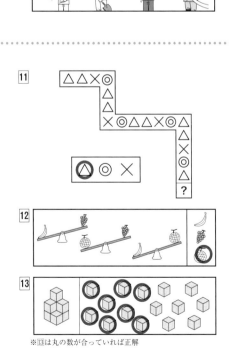

※13は丸の数が合っていれば正解

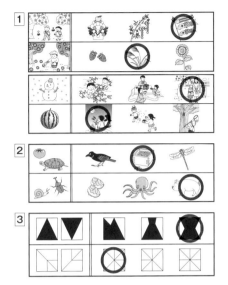

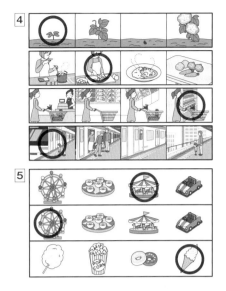

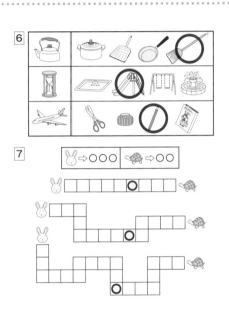

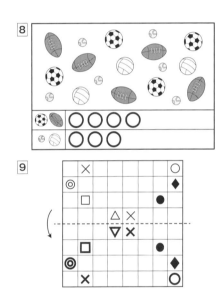

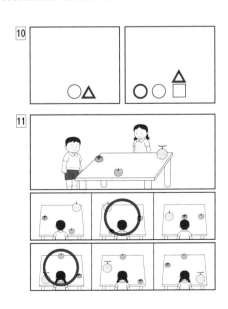

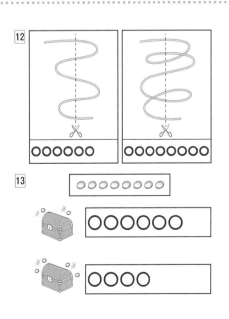

14
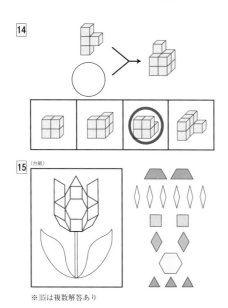

15 〈台紙〉

※15は複数解答あり

立命館小学校 2022 解答例

1

2
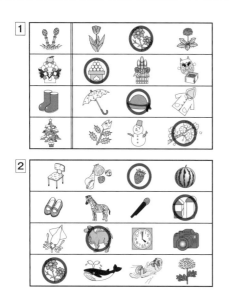

3
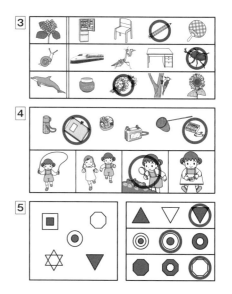

4

5

6
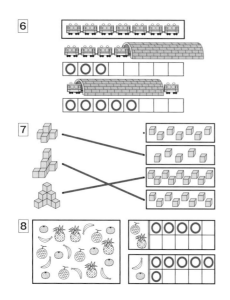

7

8

9

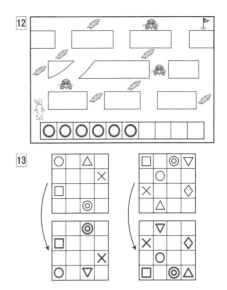

立命館小学校 2021 解答例

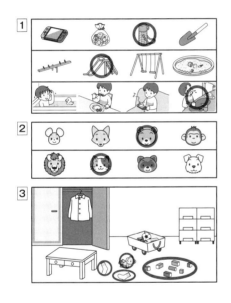

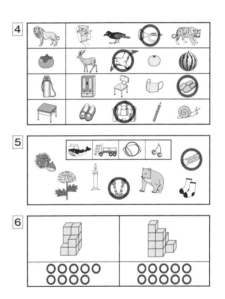

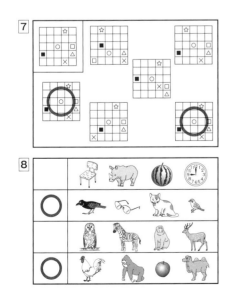

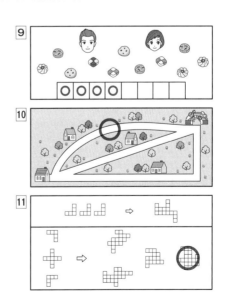

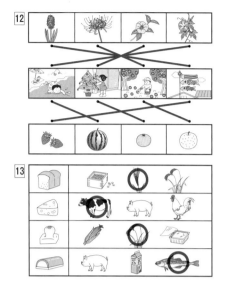

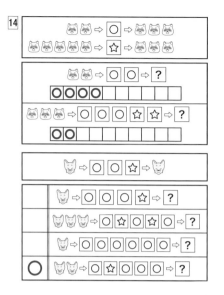

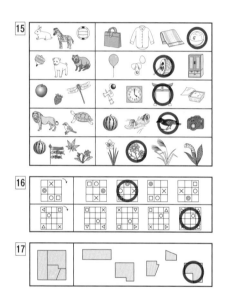

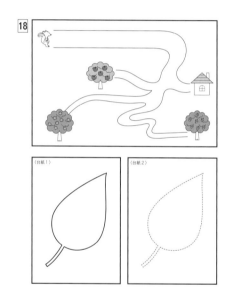

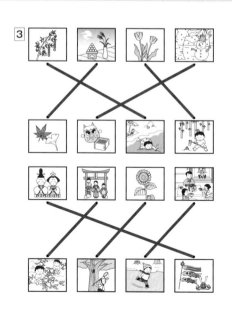

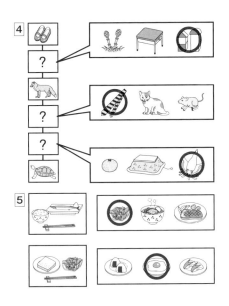

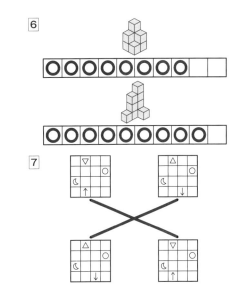

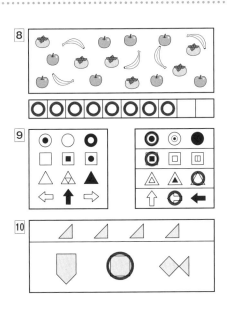

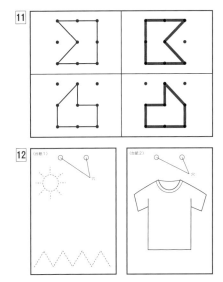

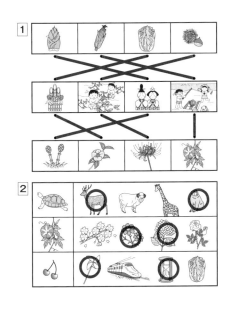

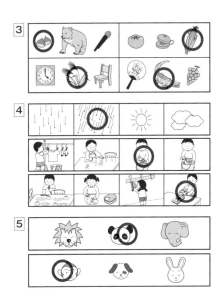

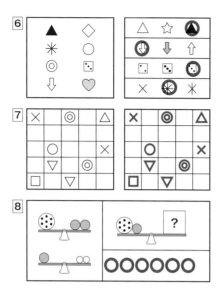

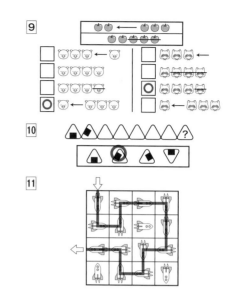

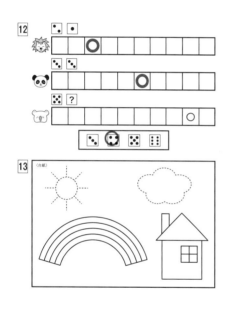

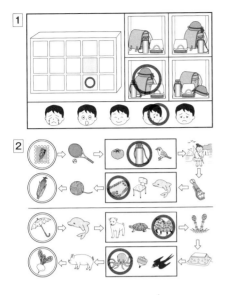

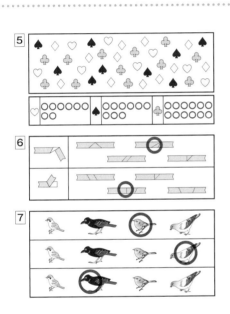

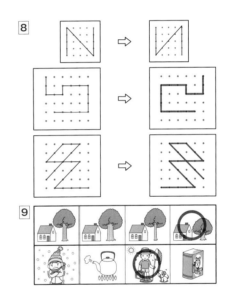

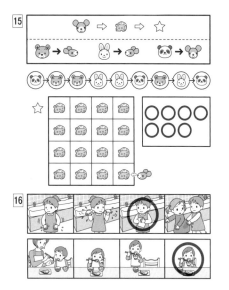

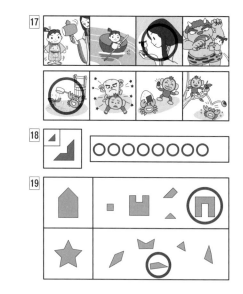

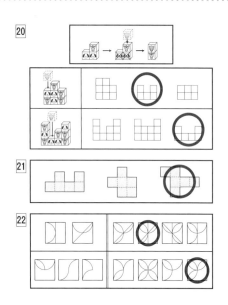

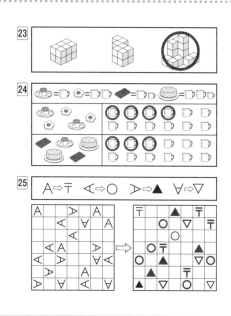

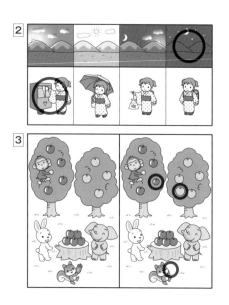

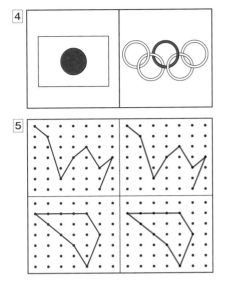

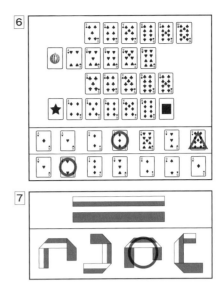

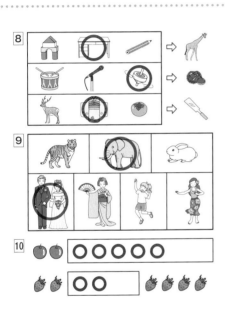

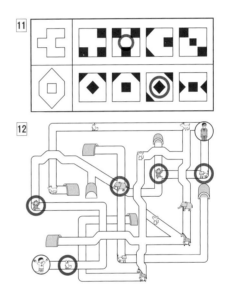

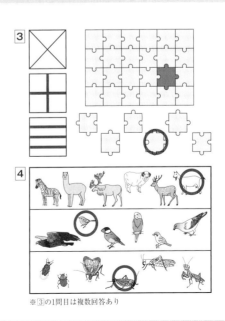

※③の1問目は複数回答あり

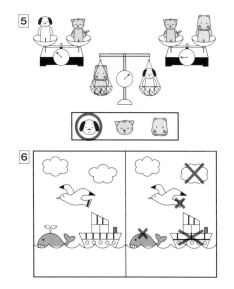

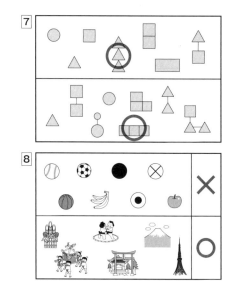

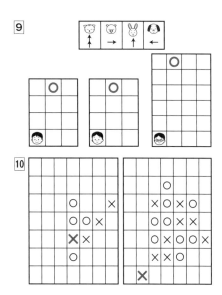

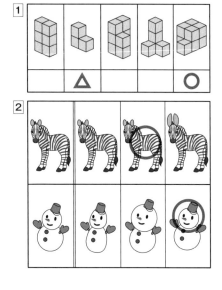

5

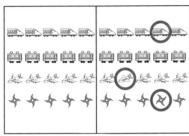

6
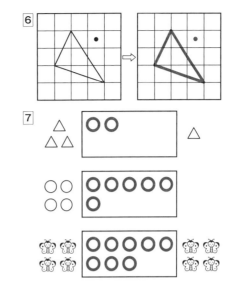

7

8
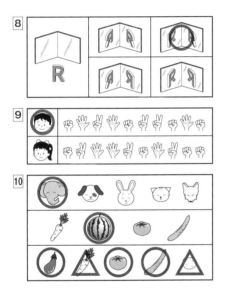

9

10

11
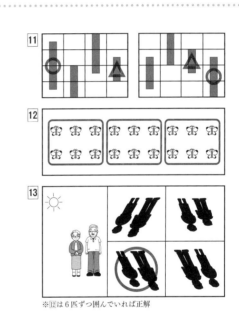

12

13

※12は6匹ずつ囲んでいれば正解

14

15

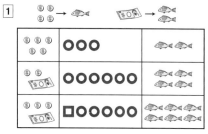

※①の3問目は複数解答あり

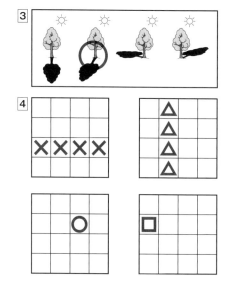

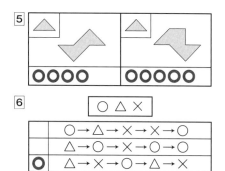

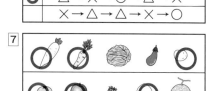

memo

memo

memo

memo

memo

Shinga-kai